KB073949

# 신세대 명리학자의 길

## PART 1. 상담 3년 수행기

# 신세대
# 명리학자의 길

PART 1. 상담 3년 수행기

ⓒ 이성윤, 2017

초판 1쇄 발행 2017년 3월 7일

지은이      이성윤
펴낸이      이기봉
편집        좋은땅 편집팀
펴낸곳      도서출판 좋은땅
출판등록    제2011-000082호
주소        경기도 고양시 덕양구 동산동 376 삼송테크노밸리 B동 442호
전화        02)374-8616~7
팩스        02)374-8614
이메일      so20s@naver.com
홈페이지    www.g-world.co.kr

ISBN    979-11-5982-718-1 (03180)

이 도서의 국립중앙도서관 출판시도서목록(CIP)은 서지정보유통지원시스템 홈페이지(http://seoji.nl.go.kr)와 국가
자료공동목록시스템(http://www.nl.go.kr/kolisnet)에서 이용하실 수 있습니다. (CIP제어번호 : CIP2017004912)

# 신세대 명리학자의 길

이도문파 <sub>理道門派</sub> 교양총서 제1권

PART 1.
상담 3년 수행기

비현 이성윤 지음

좋은땅

# Prologue

본문 들어가기에 앞서 밝혀두고 싶은 점은 이 책은 2012년 10월부터 2016년 11월까지 제가 운영했던 명리학 ZERO 카페와 블로그에 3년 동안 써왔던 일지형식의 글을 토대로 재구성한 체험기이자, 명리학을 하나의 도구로 삼아 상담사로 활동하고 정리한 일종의 명학 카운슬러 논문에 해당된다는 것입니다.

부연설명을 하자면 병신년 4월에 오랜만에 일반 대중을 상대로 강의를 하는 도중 온라인에 썼던 글이 사주명리학을 이해함에 있어 입문자의 입장에서 도움이 되었다는 피드백을 받았습니다. 그리고 그 응원에 힘입어 학회 카페 차원에서 소량 출간된 적이 있습니다.

그렇기에 학회의 교양서적으로 1권이 이미 출간되었고 2권을 준비하는 도중, 지금 시국이 너무나 어수선한 것(동양철학 자체가 미신 취급)과 1권이 없이 2권부터 대중들에게 소개되는 것이 탐탁치 않아 우선은 1권을 다시 잘 다듬어 소개하는 일이 순서상 맞겠다는 생각이 들었습니다. 그리하여 3년 동안 명리학 상담과 강의를 통해 경험한 일지형식의 체험담을 상당 부분 개정해서 새로 출간하게 되었습니다.

그밖에 달라진 점은 제목은 앞전과 같이 동일하지만, 부제는 '상담 3년 수행기'라 새로 짓게 되었습니다. 부제를 새로 짓게 된 연유는 동양학에서는 어떤 분야를 막론하고 입문 뒤 3년을 공부해야 기본기가 갖추어진다는 보편적인 진리가 있는데 동양철학의 핵심인 천지인天地人 삼재三才 사상에 기반을 두었기 때문이라고 이해하고 읽어주셨으면 합니다.

　그리고 처음부터 3년 공부(2012년 명리학계 입문)를 의도하고 시작한 것은 아니지만 어느 정도 시간이 흘러 달력을 체크해보니 이미 4년차가 되었기에 더 이상 3년 논문을 미룰 수가 없었습니다. 또한 아무리 시국이 어수선할지라도 저의 스승께서도 어느 분야를 막론하고 3년 공부 후 논문(report)을 정리하여 발표하면 이 논문을 통해서 후배와 후인들, 나아가서는 우리 사회와 인류에게 하나의 지침서가 될 수 있다는 말씀에 힘입어 용기를 내어 첫 3년 리포트를 발표하게 되었습니다. 그러니 요즘 조롱의 대상이 되고 있는 단순한 우주의 기운(?)이 어쩌고저쩌고 하는 일반화의 오류와 동양학에 대한 선입견을 내려놓고 재미있게 읽어주셨으면 하는 바람입니다.

비현

목차
Contents

Chapter 2
# 2014년도 2년차 논문

Chapter 3
# 2015년도 3년차 논문

# 명리학命理學이란?

자신의 인생설계도인 여덟 글자를 통해 자신이 누구인지를 냉철하게 알게 하여, 과거는 물론 현재와 미래의 길흉에 대해 유연하고 현명하게 대처할 수 있도록 인격수양에 바탕을 둔 학문을 말한다.

| Chapter 1 |

# 2013년도
# 1년차 논문

# 1.

## 운명학이
## 성립된 배경

오늘부터는 사주라는 운명학을 바라보는 시각 및 태도에 대해서 연재 기획으로 엮어 보려고 합니다. 우선 이런 시리즈를 써야겠다고 생각하게 된 계기는 요즘 너무 시절이 하수상하고 사학계 또한 서로가 서로를 헐뜯고 누가 제일 실력이 있는지에 대한 힘겨루기 등을 보면서 한 사람의 명리 연구가로서 느끼는 심정을 표현하고 싶었습니다.

우선 사주라는 것이 무엇인지부터 알고 난 뒤에 다른 이야기를 해야 하겠습니다. 이미 공부를 하신 분들은 뻔히 알고 있는 내용이지만 사주를 포함한 모든 운명학은 우주의 행성 즉 태양과 달, 오행(목화토금수)의 운동과 변화가 지구에 끼치는 영향 등으로 탄생한 시공간의 학문입니다.

그렇기 때문에 동양에서는 고래로부터 한자로 음양오행을 표현한 천간天干과 지지地支라는 간지干支를 만들어 우주의 운행 주기는 물론 개인의 명운命運을 점치는 수단으로써 사용해 왔던 겁니다.

여기까지 쓰고 보니 제가 이렇게 세세하게 사주가 구성하게 된 원리에 대해서는 처음 글로써 피력하는 것 같군요.

오프라인 강의에서만 하는 이야기인데 말로 전하면 금방 끝낼 내용을 처음 글로 옮겨 전달하려고 하니 무척이나 어렵습니다. 어설퍼 보여도 양해바라며, 계속해서 이야기하자면 태양을 중심으로 모든 천체가 자신의 역할을 하며 사계절 운동을 하는 것이 바로 만물이 생장염장 하는 것이니 이러한 움직임은 당연히 인간에게도 영향을 끼칠 수밖에 없는 것입니다.

왜냐하면 우주(천지)라는 시공간이 난 연후에 인간의 존재도 있는 것이지 인간이 먼저 있은 연후에 천지가 있는 것은 아니기 때문입니다. 천지라는 용어가 생소한 분들이 있을 거라 보이는데요, 동양학에서는 '하늘 천天'과 '땅 지地'를 의미하고, 하늘은 단순히 우리의 눈에 보이는 하늘이 아니고 무형이며 비물질계에 속하고 땅 역시 단순하게 만져지는 흙이 아닌 유형이며 물질계에 속한다고 보면 되겠습니다.

이러한 천지의 의미는 앞으로도 제가 서술하고자 하는 곳곳에 필연적으로 베이스로 깔리는 개념이니 미리 숙지하면 내용을 이해하기가 수월하리라 봅니다.

글을 쓰고 보니 동양학이라는 것은 매우 추상적이라 비과학적이라는 생각이 들 법한데, 이에 대해서는 제가 굳이 증명하지 않더라도 자연과학이나 물질과학적으로 최근에 많이 연구되고 있는 분야이기도 합니다.

그중 한 가지 사례를 들자면 물의 과학성을 연구하는 에모토 마사루의 저서 『물은 답을 알고 있다』의 내용 중, 일본의 유전공학자 무라카미 가즈오는 인간이 가지고 있는 '레닌(rennin)'이라는 효소 유전자 암호를 해

독하면서 세계적인 유명인사가 되었는데, "생명이 가지고 있는 유전자 정보를 읽으면 읽을수록 미세한 공간에 이렇게 치밀한 정보를 적어 넣은 어떤 존재를 인정하지 않을 수 없다"라고 하고, 그 존재를 'Something Great', 즉 '어떤 위대한 존재'라고 표현하였다고 합니다.

그리고 굳이 과학자의 연구를 인용하지 않아도 누구나 생각해 볼 수 있는 것이 행성간의 인력이 서로 완벽하게 작용하며 서로 충돌하지 않으며 지구의 생명체들이 보호받고 살아가는 것하며(이건 요즘 유명한 우주의 자율주행 광고를 참고하면 되겠군요.) 인간에게 필요한 모든 물과 공기, 자원 같은 필수적인 자연환경 등이 천지의 일종인 것인데 이것의 핵심에는 비물질계의 차원과 개입이 있다는 것이 이 글을 쓰고 있는 요지라 할 수 있습니다.


이밖에도 요즘에는 국내외 할 것 없이 역학을 과학적인 접근 방식으로 연구하는 학자들이 많으니 참고하시길 바라며 여기까지 읽어보신 분들이라면 그동안의 선입견으로 사주라는 것이 그저 미신이거나 단순하게 재미로 보는 흥미 거리에 불과한 것이 아니라 자연과학의 일종이며, 음양오행이라는 과학적인 지식체계로 이루어진 학문이라는 것을 아셨을 겁니다.


이것이 바로 사주학이 성립하게 된 배경이 되고 저의 행보를 아시는 분들은 젊은 친구가 왜 난해하고도 방대한 사주라는 학문을 공부하고 업으로 삼고 있는지 아시겠지만 혹시나 모르는 분들을 위해서 다음 편에서 계속해서 글을 써보도록 하겠습니다.

# 2.

........................................................................

## 비극의 하늘
## Scene.1

### 1997년 깊은 가을 어느 날

여느 때와 다름없이 오후 4시경 수업을 마치고 부랴부랴 20분 이상을 걸어야 도착할 수 있는 학원을 찾아 갔다. 오늘은 그동안 지적 받았던 왼손, 즉 베이스음과 멜로디의 조화를 관건으로 연습을 하고 있었다. 한창 연습을 하고 있는데 누군가가 문을 열고 들어오더니 "이야! 정말 멋지구나!"라면서 칭찬을 아끼지 않았다.

이윽고 원장 선생님은 미안한 표정으로 "우리 학원에서 네가 아마 세 손가락에 들 정도로 피아노 연습을 많이 하는 아이란다. 내 보기에는 그 정도 연습량이면 되었으니 오늘은 이만하고 돌아가도 되겠구나"라고 했지만 나는 속으로 그 말을 믿지는 않았다.

가방을 챙겨서 나가려고 하니 원장 딸의 친구 되는 아이가 뾰로통한 표정으로 기다리는 시간이 지루했는지 내 피아노에 앉기 위해서 문을 열고 들어왔다. 결국 감언이설에 넘어간 꼴이었지만 순순히 양보해 줄 수밖에는 별 다른 도리가 없었다. 그날따라 가을의 하늘은 자신의 역할을 뽐내는 듯 높고 맑았다.

오랜만에 일찍 연습을 끝냈기 때문에 신보가 나왔는지 궁금하여 음반 가게에 들렀다 갈까 했지만 그냥 지하철이 아닌 조금 떨어진 버스 정류장에서 차를 타고 돌아가기로 마음먹고 길을 나섰다. 버스 정류장에 거의 도착할 무렵 갑자기 어떤 내 또래쯤으로 보이는 아이가 웬 정장 같은 것을 입고 내 옆을 졸졸 따라오고 있었다.

처음에는 아는 사람인가 싶어 옆으로 힐끗 쳐다보았지만 전혀 모르는 사람이라 그냥 무시하고 앞을 보고 내 길을 계속 가고 있었다.

누군가가 뒤에서 어깨를 툭툭 쳐서 뒤로 돌아보는 순간 주먹이 날아왔다. 워낙 순식간에 일어난 일이라 피할 겨를도 없이 무지막지하게 얻어맞기 시작했다. 다행히 운동신경이 뛰어나 재빠르게 손으로 가드를 해서 조금은 피할 수 있었지만 전혀 예상도 못한 폭행이라 도저히 손 쓸 도리가 없었다. 그대로 두 주먹을 불끈 쥐고 얼굴만큼은 다치고 싶지 않아서 가드를 하고 있었지만 계속해서 무차별로 쏟아지는 폭력에 몇 십 분인지 모르지만 상반신을 완전히 숙인 채 방어를 하는 것 외에는 반격할 틈이 나지 않았다.

시간이 흐르면서 상대방도 의외로 나의 끈질김에 지쳤는지 약간 방심하는 차에 본능적으로 살아남기위해 저절로 오른손으로 반격을 가했지만 꽤나 싸움을 많이 해 본 솜씨인지 통하지가 않고 결국은 얼굴마저도 다치고 말았다.

그때 마침 하늘이 도우셨는지 지나가던 어른들이 그제야 말리기 시작하고 경찰을 부르고 부모들을 부르고 난리도 아니었다. 이미 날은 어두워지고 오랜만의 여유는 그렇게 허무하게 사라졌다.

# 3.

## 사주명리학이
## 도학에서 벗어나서야

작년에 이어 올해의 명리학 인연들을 보고 있자면 여러 가지 할 말이 참 많아집니다. 그중에서 최근에 제가 언급하고 있는 족집게 관법만 추구하는 역학 낭인들도 그러하고, 하나 같이 공통점은 왜 명리학을 공부하는지 그리고 공부를 해서 무엇을 할 건지 모른다는 것입니다.

이것은 단순해보여도 무척이나 중요한 사안입니다. 왜냐면 어떤 일을 행하고자 할 때 자신의 행위가 미치는 파급력이란 게 있기 때문입니다.

그것도 사람의 명운(인생)을 논하는 학문을 대충해서 이걸 나중에 돈만 벌기 위한, 또는 자신의 욕망을 채우기 위한 도구로만 써 버린다면, 이 학문은 천지신명께서 함께 응감하시는 학문이기 때문에 나중에 그 말로는 비참하기가 이를 데가 없는 것입니다. (제가 웬만해서는 신명이나 신神이나 종교에 대해서는 명리학 코너에서 언급하지는 않습니다만 필요할 때는 이야기하는 것도 괜찮으니 이해를 바랍니다.)

이런 것을 모르고 사람들은 그동안 사주카페나 기타 무속하는 이들이 칼 들고 춤추며 사주를 보는 행위만을 보고 원래 사주라는 것은 전부 다

저런 것인 줄 착각을 하게 되는 것입니다.

그러나 제가 첨부한 '사주학의 성립배경'이라는 동영상 강의를 보신 분들이라면 아시겠지만 사주라는 학문이 그냥 한자만 아무거나 써서 대충하는 미신이 아니라 동양과학이자 도학道學이라는 것입니다.

도학은 말 그대로 도를 닦는 학문, 자신의 인격을 수양하는 학문입니다. 여기에 대해서 한국의 근대 명리대가였던 도계 박재완 선생께서는 아예 이런 말을 남기기도 하셨지요.

"…도학을 내어버리고 관상을 보아 주어서도, 사주를 보아 주어서도, 의술을 펴서도 안 됩니다. 도학을 떠난 오행은 위경(僞經)입니다. 예를 들어 사주에 본처를 버리는 것이 그 사람을 위해 이롭다 하더라도 오행하는 사람은 그것이 도덕에 벗어난 일일 때는 입을 다물어야 합니다…"

명리의 대가였던 분들은 하나같이 처음도 저렇게 도道이고 끝도 도道라고 하셨습니다. 고로 저 같은 사람은 선생처럼 명리학을 도학의 차원으로 계승한 타입이라고 봐도 무방합니다.

그런데 요즘 세상은 명리학이 도학이 아닌 족집게 맞추기, 점쟁이 식으로만 받아들이고 있으니 진정한 학문적인 발전이 없는 것입니다.

이런 이치도 모르고 지금까지 제가 상담해 주었거나 강의에 들어온 사람들은 제가 모든 것을 솔직하게 다 이야기 해 주지 않았음에도 저의 단

면만 보고는 미리 판단을 해버립니다.

저 역시 사주에서 간파를 하고 뭔가 말을 해주고 싶어도 쓸데없는 자존심과 고집이 세 보이는 의뢰인은 깊은 이야기를 다 하지 않습니다. 자신이 받아들일 준비가 되지 않았는데 굳이 제가 다 말할 필요는 없겠지요.

끝으로, 취미든 뭐든 명리학을 공부하고 있거나 현업으로 활동하시는 분들은 잘 생각해 보십시오. 사주명리학을 공부하는 이유가 무엇인지? 이 공부를 해서 무엇을 할 건지? 이것이 바로 올해부터 시작한 화두가 될 것입니다.

# 4.

## 명리학은 얼마나
## 공부해야 하나?

요즘에는 인터넷이 발달하여 여기저기에 명리학 카페나 블로그, 홈페이지 등이 넘쳐나기 때문에 맘만 먹으면 쉽게 공부를 할 수 있습니다.

과거에는 말 그대로 음지의 학문이라 정신이 이상한 사람이거나 그쪽 방면으로 업을 삼으려 한다거나 아무튼 좀 기구한 사연이 있어서 사주학을 공부하는 사람들이 많았습니다만 문명의 발달로 인해 이제는 아이부터 시작해서 나이 지긋하신 노인까지 누구나 다 공부할 수 있는 길이 열렸습니다.

반면 쉽게 접할 수 있어서 좋긴 한데 너무나 수많은 업체들이나 학회, 단체들이 난립하다 보니 오히려 어느 곳이 정말 실력이 있고 학문적인 소양이 되어 있고 격이 갖추어져 있는지를 몰라 쉽게 접할 수 있는 만큼 함정도 더 커지고 말았습니다.

즉 실체는 없는데 말로만 허위 광고를 하는 경우가 왕왕하고, 소 뒷걸음치다 쥐 잡는 격으로 얼떨결에 하나 잘 맞추어서는 그것이 곧 실력이라면서 떠들어대고 의뢰인에게 집안이 휘어질 정도의 무리한 돈을 요구하거나 이상한 상납과 대접을 받으려 하는 경우도 많습니다.

이렇게 보면 과연 문명의 이기라는 것이, 발달이라는 것이 분명 편할지는 몰라도 인간을 더욱더 심약하고 혼란스럽게 만드는 원흉이 아닌가하는 생각이 들어 씁쓸하기도 합니다.

물론 이런 말을 하는 저도 인터넷이라는 문명의 이기 덕분에 젊은 20대 초반부터 동양학을 접할 수 있었고 지금까지 공부해올 수 있었습니다.

그런데 명리학을 통한 상담과 저술과 강의라는 업을 삼고 있는 저 역시 사실은 문명의 덕만 본 것이 아닌 해악도 많이 본 사람입니다. 이 공부를 함에 있어서 많은 비용이 들었고 어떤 때는 빚을 내서 겨우 학습한 공부가 물거품이 되어 남을 원망해 본 적도 있습니다.


돈 이야기가 나와서 드리는 말씀이지만 명리학 공부는 취미든 프로든 아마추어든 사실 돈이 많이 드는 학문입니다.

왜 돈이 많이 드느냐면 우선은 비인부전으로 전해진 신비학이므로 그만큼 수요는 사실 아주 많고 제대로 된 공급은 한정적이기 때문에 상대적으로 희소가치가 높아 그러한 것입니다.

그런 연유로 옛날에는 진실로 명리에 뜻을 둔 사람들 중 돈이 없는 경우는 열정을 보고 스승이 3년 밥 짓고 빨래시키고 청소를 시키는 등의 허드렛일을 통해 인격수양 및 빚을 탕감했던 것이고, 조금 여유가 있거나 하는 사람들은 소 팔고 논 팔고 심지어는 집 팔아서 공부를 했던 것이고요. 그만큼 음지의 학문이라 무시도 천대도 많이 받았지만 알 만한 사람들은 몹시 신봉한 학문이 바로 명리라는 학문입니다.

이렇게 비제도권의 학문인 명리와 동양학이 생각 의외로 공부비용이 많이 드는 것에 반해, 제도권 학문 쪽은 어떨까요?

아쉽게도 제도권 학문이라고 해서 예외일 수가 없는 것이 굳이 제가 일일이 언급 안 해도 과열한 사교육과 반값 등록금이 사회의 이슈로 떠오른 지가 오래전이니 무슨 말인지 충분히 아시리라 믿습니다.

그러니 흔히들 하는 말로 가격이 높은 편일수록 물건 값을 한다고 합니다. 물론 물건 값 못하고 이상하게 사기 치는 경우도 있습니다만 보편적으로는 그렇다는 것입니다.

아무튼 또 다시 글이 삼천포로 빠진 감이 있는데 그렇게 비용도 많이 들고 저 같은 경우는 새벽에 업무가 끝나는 회사를 다니며 밥 먹는 시간과 잠자는 시간 이외는 전부 명리학 공부만 6개월을 할 정도로 일심을 가지고 했습니다.

그렇게 미친 듯이 공부하고 나니 어느 정도 이론적인 부분은 성취가 되었고 그 사이 2년이라는 임상을 통해 몇 백 개의 사주를 풀어보면서 시행착오를 겪으면서 지금은 음악과 더불어 하나의 업으로 삼고 있습니다.

이렇게 이야기하고 보니 저는 스무 살 때 '우주변화의 원리'라는 무지막지하게 어려운 책을 하나 사서 지금까지 보고 있으니 10년이 넘어가도록 공부를 하고 있는 셈입니다.

결국 글을 다 쓰고 나니 어떤 공부든지 열정이 있는 한 죽을 때까지 해야 하는 것이고 다만 이론적으로 이해하는 차원은 빨리 끝내는 것이 좋다는 것입니다.

즉 머릿속에 잡념이 가득한데 책상 앞에 오래 앉아 있어봤자 아무런 공부가 되지 않고 오히려 힘만 드는 것이 바로 명리학 공부라는 것입니다.

그러므로 제일 좋은 것은 재미가 있을 때, 열정이 있을 때 어느 정도의 틀은 **빠른** 시간 안에 마스터하는 것이 공부하는 하나의 요령이라는 이야기도 됩니다.

이 팁은 취미든 프로든 뭐든 모든 것이 매한가지입니다. 그러나 공부가 바르게 되려면 역시나 공부를 하는 이유가 있어야 하고 그리고 공부를 해서 무엇을 할 건지를 알아야 합니다. 왜냐면 그래야만 저처럼 처절하고 치열한 삶을 살아도 죽이 되든 밥이 되든 뭔가를 해낼 수 있기 때문입니다.

# 5.

## 명리학으로는
## 월운이나 일진을 못 보잖아요?

　제가 작년(2012년)에 처음 사학계에 마이너 데뷔하고 난 뒤에 제일 많이 받아 본 질문 중에 하나가 바로 사주명리학으로는 구체적인 통변을 할 수가 없고 또한 월운이나 일진을 못 보는 것이 아니냐는 것입니다.

　심지어는 웬만큼 오랫동안 명리학을 공부했다는 사람이 자미두수(명학의 한 종류)가 훨씬 더 구체적이고 정확하다면서 명리학이라는 학문 자체를 부정하고 명리학을 연구하거나 업을 삼고 있는 이들을 무시하는 사람들도 있었습니다.

　당시 분란을 일으키고 싶지 않아서 그냥 넘어갔는데 요즘도 명리학보다는 구성학(점술)이나 육효 등등을 들먹이면서 동양오술 중 조종祖宗이라 할 수 있는 사주명리학을 무시하고 요즘의 트렌드인 타로카드나 기타 점술이 더 적중률이 높고 정확하다면서 목에 핏대를 세우며 부정하는 사람들이 있는데, 굳이 이런 분들은 사주를 안 봐도 대성하기는 쉽지가 않을 것입니다.

명리학이 이렇게 역학인들 사이에서도 비난을 받는 이유는 무엇일까요. 예를 들어 명리학 용어 중에는 재성이란 게 있습니다. 이 재성을 십성이나 육친이라고 합니다만 한마디로 말해서 자신(주인공)과 사물의 관계 또는 인간관계(피아관계)를 말하는 것입니다.

그런데 십성 중 재성이라는 것은 남명에게는 아버지, 여자, 아내, 돈 등으로 여러 가지 의미를 두고 있으니 도대체가 한 해의 운수 중 재성이 들어오면 이게 아버지인지 여자인지 돈인지를 구분을 못하겠다는 것입니다.

일이 이러하니 학문 자체가 한계가 뚜렷하므로 명리학은 아버지, 돈, 여자가 어느 정도 나누어져 있는 자미두수와 같은 명학에 비하면 조족지혈이라고 비난을 하는 겁니다.

아예 명리학을 공부해 본 적이 없고 다른 것만을 해 본 사람이라면 이해라도 되겠지만 명리를 오랫동안 공부하다가 다른 학문으로 갈아타고 명리학을 비난하는 사람들은 반성을 좀 해야 합니다.

아니 많이 하셔야 하겠지요.

물론 재성이란 게 아버지인지 돈인지를 가리는 것은 명리학에서는 매우 어려운 이치이나 가려내는 방법이 아예 없는 것이 아닙니다. 제가 이렇게 이야기하면 또 누군가는 그 정도 경지는 신내림이나 뭔가 특별한 타고난 감이 좋아서 그런 것이 아니냐고 따지는 분이 있을 것인데 계속해서 말의 의도를 파악하지 못하면 결국 저도 할 말은 없습니다.

정리하자면 제가 하고 싶은 이야기는 동양오술의 조종이라 할 수 있는 명리학으로 대운, 세운, 월운, 일진(일운)을 볼 수 없다는 것은 다른 것들로도 볼 수 없다는 이야기입니다.

이것을 증명하기 위해서는 오직 적중률에 있으니 그렇기 때문에 저 같은 경우는 강의 때 샘플사주를 쓰지 않고 철저하게 참석한 수강생들의 실제 명조를 가지고 그 자리에서 즉석 공개추론을 하는 것입니다.

또한 역학의 역사를 조금 아시는 분들은 모든 동양오술은 그 바탕이 명리가 되고 나머지는 명리에서 다 파생되어 나온 학문이라는 것을 알 것입니다. 그러니 근본에 모든 답이 다 있음에도 불구하고 가지만 붙잡고서는 그것만이 다 맞다고 주장하는 것 자체가 어불성설입니다.

명리학에 대한 바른 인식이 어느 때보다도 절실할 때입니다.


**돈안지유돈**豚眼只有豚 **불안지유불**佛眼只有佛
**"돼지 눈에는 돼지만 보이고 부처 눈에는 부처만 보인다."**

# 6.

## 명리공부와
## 인연 없는 사람들의 특징

이 글을 쓰면서 드는 생각이, 이번에 한 번으로 끝나지 않고 아마도 제가 사학계를 은퇴하거나 혹은 죽을 때까지 반복해가면서 이야기 할 것 같은 주제입니다만, 영감이라는 것이 언제나 날이면 날마다 오는 것이 아니기 때문에 쓰고 싶은 주제가 있을 때 글을 쓰는 것이 바람직한 일이겠지요.

제가 그동안 개인적으로 겪어보면서 여러 형태의 학습 스타일을 가진 분들을 보아왔는데 안타깝게도 열에 한두어 명 이외는 명리학의 개념을 바르게 인식하고 공부하는 사람들이 없었습니다. 우선적으로 각자의 팔 자八字에서 이 공부의 소질을 타고 나야 하는 것은 말할 것도 없지만 그것 보다는 사실 마음가짐이 가장 중요하다 할 것입니다.

그 마음가짐 즉 심보를 아래와 같이 먹고 있는 분들은 하나 같이 명리 공부의 소질이나 인연이 없는 사람들이라 할 것입니다.

1. 명리학을 왜 공부하는지? 그리고 이 공부를 해서 무엇을 할 건지를 모르는 사람들은 아무리 일반적인 머리가 좋아도 십중팔구 대성大成은커 녕 중간에 때려치울 가능성이 농후합니다.

왜냐하면 동기부여와 진정성이 부족하기 때문입니다. 이를 두고 보통 초심이라고 하는데 아무리 머리가 좋고 열심히 해도 초심을 잃어버리는 순간 매너리즘에 빠지게 되어 열정이 사라져버리니까요.

2. 이것도 1번과 비슷한 이야기인데 심심풀이 땅콩으로 하는 분들입니다. 즉 취미 비스무리하게 공부를 하거나 호기심 차원에서 하는 분들인데, 취미로 해도 상관은 없습니다만 이런 분들의 공통점은 하나같이 앞에서 강의하는 선생을 무시하는 하극상의 태도를 가지고 있습니다.

즉 나는 호기심 때문에 궁금해서 와 보았을 뿐이니 언제든지 하기 싫으면 그만이고, 앞에 강사가 뭐라고 떠들든 말든 상관없다는 심리를 가지고 있는 것이지요. 이렇게 마음먹는 분들은 하나같이 사회생활이나 인간관계에서의 처신이 가식적이고 자신의 쓸데없는 자존심이나 고집이 강한 경우에 해당합니다.

> 주) 자존심自尊心은 원래 좋은 의미로 어떤 신념이나 정의를 지키려는 마음으로 불의에 굴하지 않는 대쪽 같은 마음을 뜻하는 것인데 요즘에는 인의仁義에 상관없이 자신의 개인주의와 이기심을 앞세우기 위해 남에게 굴하지 않는 고집으로 변질 되었다.

3. 호칭이 분명하지 않습니다. 즉 우리가 일반적인 영어 단과 학원을 다녀도 학원에 가서는 '선생님'이라고 부르지 비현님 또는 선생님의 성함이

이성윤이라고 해서 '이성윤씨!' '이성윤님!'이라고 부르지는 않습니다. 아무리 요즘 교육계가 막가파식으로 가고 있으나 기본적인 예의는 지키려 합니다.

더욱이 나이가 어리니 젊다는 식으로 앞에 나와 강의하는 분을 두고 '너네' 거리지는 않습니다. 이것은 일부 사람들의 마음에 이중성이 깊이 자리 잡아 음양이 난잡하기 때문입니다. 이런 사람들의 유형도 가식의 유형과 비슷한 경우입니다. 또한 이런 사람들은 학창시절에도 어떤 식으로 수업에 임하고 선생님을 대했는지 쉽게 알 수가 있습니다.

그 이유는 명리학의 십성 생극제화라는 관법에 의하면 선생님은 자신의 명식에서 관성과 인성이라 볼 수 있는데, 특히 인성은 남녀불문하고 육친적으로 자신의 어머니와 선생님에 해당하는 성분으로 평소 어머니의 관심과 교육이 부족하고 하극상이 자주 일어나는 경우 선생님의 덕도 부족하여 학창시절이나 일상에서도 선생님과의 관계가 껄끄럽다고 할 수 있습니다.

물론 선생을 무시한다는 건 그 선생 역시 학생을 잘 가르쳐 줄 수 있는 실력이 부족한 부분도 있지만 지금의 주제는 배움을 받는 학생의 입장에서 이야기를 하는 것이니 바르게 분별해야겠습니다.

이 밖에도 여러 가지 이유로 인해 명리학과는 인연이 없는 사람들의 유형을 들 수 있습니다만 앞으로 하나하나 다시 거론해 보기로 하고 결국은 모든 문제는 자신의 자유의지와 선택에 있고 진정성에 있는 것입니다.

그렇기에 옛 성현들은 성경신誠敬信이라 해서 정성과 공경, 믿음을 으뜸으로 삼고 인격수양과 완성의 지침으로 삼은 것입니다.


### 군사부일체君師父一體
### '임금과 스승과 어버이는 하나의 근본이다.'

# 7.

## 학學과 술術의 차이

요즘 '사주학을 바라보는 자세' 이 시리즈를 쓰니 갑자기 방문자가 급증하고 여기 저기 흩어져 있던 술객들도 많이 방문을 하는 것 같습니다.

별 이야기가 아님에도 사람들의 반응이 예전과는 다르다는 것은 그만큼 명리학의 본질은 생각해 본 적도 없거니와 뭔가 허상에 쫓겨 살았다는 방증이라 할 수 있습니다.

원래 저는 기본적인 제 일주 성향상 말을 많이 하는 것을 별로 내켜하지 않습니다만 식상(사주에서의 표현력)이 식신(사길신)으로 건왕한 명식이어서, 경우에 따라서는 할 말은 해야 직성이 풀리는 관계로 제 글에 관심이 있고 재미를 느끼는 분들은 또 읽어주고 공부에 도움이 되면 좋고 그렇지 않은 분들은 다른 재미있는 공부를 찾아 공부하면 되겠지요.

이는 일종의 성격이라는 것인데 난잡한 것을 싫어하고 심플하고 세련된 아름다움을 추구하기 때문에 쓸데없는 시시비비를 별로 가리고 싶지 않기에 논쟁하기를 좋아하는 분들은 다른 역학 포털 카페, 즉 열린 카페가 많으니 그런 곳을 방문해서 토론을 하시면 될 것입니다.

그리고 당부 드리고 싶은 말씀은 어디 가서 '비현님은 너무 무섭네~' '비현님은 4가지가 없네~' '비현님은 어쩌고저쩌고'라고 비난하는 소리를 자제해주셨으면 좋겠습니다.

여러분이 보기에 명리학자가 아무것도 아닌 점쟁이 같은 부류의 하등한 사람처럼 여겨질지 모르지만 저는 이 일에 자부심을 가지고 활동하고 있습니다. 즉 프로필에 사진과 함께 본명과 필명을 기재해 초상권과 저작권을 가지고 활동하는 명리학자이기 때문에 잘못 거론하게 되면 제 고문 변호사를 통해 추후 법적으로 엄벌에 처할 것이니, 항상 명리학을 공부하는 분들은 입으로부터 모든 길흉화복이 일어난다는 것을 유념하시고 다른 사람의 실명이나 필명을 함부로 다른 곳에 가서 거론하는 것에 주의해야겠습니다.

아무튼 요즘 제 생각은 이렇고, 오늘은 학과 술에 대해서 이야기 해 볼 차례입니다.

학學은 '학문學文'으로 『주역周易』, 『서경書經』, 『시경詩經』, 『춘추春秋』, 예, 악 따위 시서 육예六藝의 글을 배우는 것이라고 인터넷 사전에 나와 있습니다.
한마디로 삼강오륜의 가르침을 받는 것이 학문이라는 것이고 술術은 '재주 술術'자로써 말 그대로 기술, 재주를 부린다는 뜻입니다.
그런데 사람들은 학과 술을 동일시하거나 무엇인지 제대로 분간을 못하는 경우가 많습니다.

쉽게 이야기하자면 명리는 명리학인 것이고 구성은 구성점술이라는 것입니다. 그렇다면 앞전에도 제가 언급했습니다만 모든 동양의 오술이라는 것은 동양의 다섯 가지 술수라는 것인데 이 오술도 사실은 역학이라는 명리학에서 비롯된 것입니다.

물론 요즘에는 아무거나 그냥 학을 붙이면 학문이고 아무거나 그냥 술을 붙이면 기술이 되는 것입니다만 제가 이야기하고자 하는 것은 학문의 영역 즉 상위 개념인 명리는 학이 되고 하위 개념인 구성은 굳이 따지자면 술수에 해당된다는 것입니다.

그렇기 때문에 명리학을 알게 되면 전체적인 인생을 조망하고 카운슬링이 되는 것이고 점술류는 딱 그 한가지인 단식으로 맞추기, 찍기를 위한 술수를 목적으로 만들어지게 된 것입니다.

요즘 유행하는 타로카드 같은 것도 서양의 점술류에 속하는 것인데 점술은 그런 쪽에 속한다고 보면 되겠군요. 물론 구성도 구성학이나 구성기학이라고 하여서 단순한 점술이 아닌 학문적인 차원으로 연구해서 응용하는 분도 있지만 이런 분들도 하나 같이 근본적으로는 역학이나 명리학이 먼저 공부가 되고 난 뒤에 다른 것을 연구해서 활용하는 분들이지 처음부터 점술 하나만을 파고들어서 그렇게 활용하는 것은 아닙니다.

이것을 모르고 사람들은 누가 구성술수나 타로 같은 것으로 점을 잘 본다고 하면 그것이 마치 진짜 학문이고 근본이라고 생각하는 경향이 있습니다. 이것이 바로 잘못 알고 있는 개념이라는 것입니다. 실제로 점술의 고수들도 기본적으로는 웬만해서는 제가 만나 본 바에 의하면 명리학이나 자미두수 등 기본적인 명학命學은 다 메인으로 공부하고 난 뒤에 부가적인 차원에서 점술을 행하는 분들이었습니다.

그렇기 때문에 저 같은 경우도 모든 동양오술(명, 복, 상, 의, 선)을 조금씩 다룰 줄은 압니다만 항상 근본인 학문은 명리학과 역학을 메인으로 두고 나머지는 조금씩 연구하고 있는 것이지요.

이 말은 설사 제가 구성술수를 잘 하는 사람이 된다고 하여도 아무나에게 구성부터 가르쳐 줄 생각이 없으며 학문인 명리를 반드시 먼저 이수한 뒤에 취사선택으로 다른 것들도 알려드린다는 이야기입니다.

그러니 간간히 제가 술수에 대해서 언급을 해도 우리 학회의 관법에 관심이 있는 분들은 오해 없으셨으면 합니다.

이래서 동양의 현자들은 무엇이 근본이고 말단인지에 대해 치열하게 연구하고 그리고 후학들에게 시종을 잘 가려야 한다는 것을 강조했는지 알 수 있는 대목입니다.

자, 그럼 다시 정리를 해보면 학문은 나무의 몸통과 가지에 해당하고 술術은 나무의 화려한 꽃이라 할 수 있고 꽃이 떨어지고 열매를 맺으면 이것은 다시 뿌리로 돌아가니 비로소 진리와 도道의 단계에 들게 되는 것입니다.

오늘 글은 다소 두서없이 거칠게 문장이 진행 되었지만 컨디션이 좋지 않으니 혜량 바랍니다.

아! 노트북을 닫기 전 참고로 노파심에 어느 분께서 그렇다면 비현 선생님이 저술하신 『팔자술의 정석』이라는 제호는 명리학인데 왜 술수에 해당하는 '술術'자를 쓰냐고 반문하실 것 같은데요.

첫 번째 이유는 젊은 분들에게 명리학이 딱딱한 학문이 아니라 새로운 흥미를 불러일으키게 하기 위해서 그렇게 한 것이고, 두 번째 이유는 시중에 주구장창 이론만 나와 있는 학습서들과 달리 실제 현장에서 써 먹을 수 있고 징험이 되는 술수학, 즉 실용학문이 되었으면 하고 그렇게 짓게 된 것이니 참고바랍니다.

# 8.

## 공짜를
## 바라는 마음

    수업시간에 수강생들이 항상 헷갈려 하는 것이 재성은 명리학적으로 돈을 의미하는 십성인데 어느 것이 편재이고, 어느 것이 정재인지 어려워 합니다. 편재偏財는 치우친 재물이 되고, 정재正財는 바른 재물이 되므로 편재는 유동적인 수입이나 돈을 의미하고, 정재는 고정적인 수입이나 돈을 의미하기 때문입니다.

    그래서 어느 날은 수강생 분들에게 제가 거꾸로 문제를 낸 적이 있습니다.

    "여러분께서 보시기에 저처럼 강의를 해서 수업료를 받는 사람은 정재일까요? 편재일까요?" 이렇게 물으니 어떤 분께서 "편재라고 생각합니다!"라고 답을 합니다.

    그래서 왜 그렇게 생각하시냐고 물어보니 자신이 보기에는 별로 노동성이 없고 어려워 보이지 않기 때문에 편재라고 생각한다는 것입니다.

    그런데 저는 저처럼 강사를 하거나 학교 선생님들도 정재에 해당하는 행위를 한다고 답변 드린 적이 있습니다. 이유는 짧은 시간 안에 남들이 보기에는 수업을 하고 별로 공을 들이지 않는 모습으로 비추어질지 몰라도, 강의를 하기 위해서는 많은 공부를 해야 하고, 커리큘럼을 만들어야 하고, 또한 강의하기 전 날까지 교재를 만들거나 어떤 식으로 수업을 해야 수강생들 입장에서 이해를 잘 할 수 있을지에 대한 교수법 등을 연구하므로 겉보기에만 쉬울 뿐이지 보이지 않는 곳에서 많은 노력이 필요한 직업이 바로 교사나 강사라는 직업입니다.

그렇기에 저는 강사가 앞에 나와서 수업을 하는 대가는 편재가 아니라 정재라고 한 것입니다. 이것은 마치 가수가 무대에 올라서 노래 한 곡을 부르고 내려가는 것과 마찬가지인데 일부 사람들이 '참 가수는 좋겠다. 짧은 노래 몇 분 부르고 돈도 많이 버네'라고 생각을 하겠지만 제가 작곡을 전공했던 사람으로서 가수의 고초를 잘 알고 있으므로 이야기하자면 그 짧은 한 곡을 아름답게 부르기 위해서 한 곡 당 약 500번 정도의 노래 연습을 해야 가능한 일입니다.

이것을 두고 연예인의 경우 겉으로만 보이는 이미지와 화려함으로 인해 별로 하는 일도 없는데 돈을 많이 번다고 오해를 하는 사람들도 있습니다. 여기까지가 대략 정재에 대한 설명이고 그렇다면 눈치가 빠르신 분들은 편재라는 것은 결국 횡재수와 관련된 재물이라는 것을 알 수 있을 겁니다.

예를 들어 우연히 복권 한 장을 샀는데 대박을 터트리는 경우가 그러합니다만 여기에도 함정이 있습니다. 복권을 매주 10만 원어치 각고의 노력 끝에 투자한 만큼보다 조금 당첨되는 경우는 그것도 노동성의 대가인 정재에 가깝다고 할 수 있습니다.

아무튼 오늘도 공짜를 바라는 마음을 써 본다는 것이 약간 삼천포로 빠진 감이 없지 않아 있습니다만 편재와 정재는 명리학에서는 모두 다 길한 성분이니 모든 것은 음양의 관계로 두루 살펴야 하는 것임을 알려드리고 싶었습니다.

본론으로 들어가 우리 사회는 유독 공짜를 바라는 사람들이 많습니다. 오죽하면 공짜라면 양잿물도 마신다는 말이 있을 정도로 그만큼 공짜에 대한 심리가 크게 작용한다는 것이겠지요. 이런 분들은 어느 사회, 어느 분야라도 다 존재하지만 사학계에는 유난히도 많은 편입니다.

물론 돈이 없으니 공짜로 뭔가를 배워 보고자 하는 것이 큰 잘못은 아니겠지만 설사 그렇다고 할지라도 생활함에 있어 매사 태도가 그러하다면 그것은 노력 없이 얻으려 하는 요행을 바라는 것과도 같습니다.

이런 분들 중에서는 사주도 항상 무료로 보려고 하고 수업도 항상 무료로 들으려 하고 책도 무료, 모든 것을 무료로 하려고 하거나 그것도 안 되면 항상 깎아 달라고 조르고는 합니다.

그러면 저는 이런 분들에게 이렇게 이야기를 합니다.

"자본주의 사회에서 그 어떤 분야든 노력과 비용을 치르지 않고 살아갈 수 있는 직업은 없습니다. 또한 항상 공짜를 바라다보면 나중에 자기 자신도 업장을 열거나 저 같이 강사가 되면 언젠가 당신을 찾아 온 손님들이나 수강생들이 하나 같이 당신에게 공짜로 해달라고 할 것입니다. 이건 콩 심으면 콩 나고 팥 심으면 팥 나듯이 당연한 이치인데 지금 제 이야기가 믿기지 않으면 직접 해보면 알게 될 겁니다."

이렇게 조언을 해주어도 실험을 해보는 분들은 욕심이 대단한 분들이라 할 수 있는데 믿기지 않으면 한 번 실험해보는 것도 공부의 일종이니 그건 그것 나름대로의 경험이고 의미가 있겠습니다.

한편으로는 조금만 생각해보면 그 어느 명리학자나 카운슬러도 뭔가 고급스러운 콘텐츠는 공짜로 절대 개방하는 법이 없습니다만, 이것을 모르고 어디는 공짜로 잘도 주는데 명리학 ZERO의 주인장인 비현은 나이도 젊은 사람이 너무 돈만 밝히는 것이 아니냐고 쪽지를 보내서 훈계하는 분도 계십니다. 군이 변명하자면 제가 배가 고플 때 밥을 사주시든지, 제가 잠을 청할 잠자리가 필요할 때 집을 주시든지, 기타 병원 갈 때 돈을 주시든지 하는 등의 일체의 필요한 것들을 대신 제공해 줄 의향이 있다면 저도 군이 돈을 받지는 않겠지요.

요약하자면 이번 글에서 하고팠던 이야기는 그저 요행을 바라고 노력 없이 뭔가를 얻고 배우려는 생각을 버리고 항상 그에 맞는 노력과 비용을 지불하고 뭔가를 사고 배우려는 생활 태도가 중요하다는 것입니다.

모든 것은 여러분의 생각에 천국과 지옥이 있는 것입니다.

**무물無物이면 불성不誠이다.**

**달 밝은 밤하늘 아래 정한수 한 그릇의**
**정성도 없는 기원이 어찌 천지에 사무치리오.**

# 9.

## 명리학을
## 공부하는 방법

요즘에는 인터넷 시대라 정말로 많은 사상과 주의가 난립하는바 사학계도 여기서 예외일 수는 없습니다. 즉 과거와 달리 모든 지식이 기본적으로 다 개방이 되어 있으니 쉽게 접할 수 있다는 장점은 있을지 모르지만 정작 정통한 것을 배우기는 오히려 더 어렵게 되어 버렸다는 이야기로 받아들이면 될 듯합니다.

서두를 이렇게 시작하게 된 이유는 요즘 분위기를 보면 구성점술이 잘 맞아서 유행을 한다거나, 그림으로 쉽게 단식으로 판단할 수 있는 타로카드가 유행한다거나 아니면 명학의 한 종류인 자미두수가 베일에 쌓여있다고 해서 그것을 공부한다거나 다른 관상이나 육효, 체질섭생법을 공부하는 것이 유행이기도 합니다.

이런 현상 이면에는 다들 하나 같이 명리학을 조금씩 해보고 다른 것으로 옮기는 경우가 많습니다.

즉 동양오술의 조종인 명리학 공부는 여덟 개의 글자 밖에 없으므로 만만하게 생각해서 뛰어들었다가 너무 어려운 나머지 혹은 인연이 되지 않아서 그만 두고 다른 것을 하는 경우입니다.

물론 명리학 공부가 어느 정도, 약 7할 정도 되어 있는 분들은 예외이겠지만 대부분 7할은커녕 3할의 기본기와 노력도 없이 어렵다고 생각한 나머지 포기해버리고 다른 것을 하면서 이게 진짜고 명리학은 지식체계 자체가 한계가 뚜렷하다고 해서 비난을 하는 경우가 있습니다.

그런데 이렇게 글을 쓰다보면 누군가는 당신은 원래 음악 작곡을 전공한 사람인데 그거라도 제대로 해놓고서는 지금 명리한다고 그러고 다니는 것이냐고 반문할 수도 있습니다. 제 자랑은 아닙니다만 저는 14살 때부터 작사, 작곡, 편곡 공부를 한 사람이고 음대도 작곡과를 나왔고 유학도 일본 도쿄까지 가서 공부하고 메이저 데뷔 도전까지 해 본 사람입니다. 물론 대학 때는 작곡 전공 선생님을 모시고 따로 사사師事까지 받았고요.

그런 나름의 노력으로 인해 지금도 별다른 책을 안 보고 오랫동안 악기를 쉬어도 언제라도 마음(영감)만 있으면 곡을 만들 수 있는 실력이 있습니다.

물론 사주명식대로 풀이하자면 관성(사회적인 명예)과 재성(일의 결과)이 받쳐주지 않아서 유명하지 못하고 돈을 많이 못 벌었다는 것으로 해석할 수도 있습니다.

아무튼 제가 이야기하고자 하는 것은 오술의 근본인 명리학을 노크 했다는 것은 아주 탁월한 첫 선택이었습니다만 제대로 공부를 해보지도 않고 성급하게 다른 것으로 갈아타고서는 그것이 명리학의 전부이며, 명리학을 뛰어넘는 무엇인가라고 하는 것은 너무 섣부른 분별과 판단이라 할 수 있겠습니다.

구체적으로 설명을 하자면 보통 입문자들이 동양오술을 접할 때 실수하거나 착각하는 것 중 하나가 뭔가 하나를 보고는 그것이 전부인양 어디가서 명리라는 학문 자체가 문제가 있어서 나는 자미두수를 한다, 나는 체질학을 한다, 나는 구성점술을 한다, 하는 경우가 많은데 그렇게 자만심에 떠들고 다니는 것도 각자의 자유이나 언젠가 명리의 초고수들을 만나거나 명학을 뛰어넘은 진리를 설법하는 수행자를 만나게 되면 망신은 물론 사과까지 해야 하는 끔찍한 경험을 겪게 될 가능성이 농후합니다. (물론 제가 고수라는 것은 아닙니다.)

이것은 다른 학문의 수장이거나 가르치는 위치에 있는 선생님들도 마찬가지입니다. 자신이 하고 있는 학술이 최고이고 다른 것은 할 필요가 없다는 둥, 명리학은 제일 골 때리는 엉터리 학문이라는 둥 그런 논리를 학생들에게 함부로 가르치다 언젠가 뽀록나면 그것도 망신이니까요.

끝으로 명리학을 공부하는 방법을 제 경험적인 관점에서 소개해 보도록 하겠습니다.

1. 명리학은 동양오술의 조종이 되니 인생을 다루는 학문이므로 절대 만만하지 않습니다. 진정성을 가지고 서두르지 말고 꾸준히 진득한 마음으로 임해야 합니다.

2. 명리학 공부를 할 때는 다른 학문을 겸간 한다거나 비교하는 행위는 그만두는 것이 좋습니다. (*겸간兼看: 명리학과 동시에 다른 오술로 간명하는 것)

즉 하나도 제대로 기본기가 되어 있지 않은 사람이 다른 것을 한다고 해서 절대 제대로 된 간명을 할 수가 없습니다.

만약 정 자신과 명리 공부가 맞지 않으면 그냥 다른 거 마음에 드는 것을 하면 됩니다. '나는 명리학이 좋은데… 어렵네…' 이러면서 다른 쪽으로 한눈파는 분들도 공부하기 힘들다는 이야기입니다.


3. 자기 자신을 속이지 마십시오. 남을 속이는 것도 답답한 일이지만 자기 자신을 속이는 것도 답답한 일입니다. 다만 자신을 속이는 것은 내면의 일이므로 남들 눈에 보이지 않아 괜찮을 거라고 생각할 수 있으나 자기 자신을 속인 대가는 훗날 쌓이고 쌓여 몇 배, 몇 십 배로 되돌아오는 법이니 우선은 자기 자신이 어떤 사람인지 알고부터 무슨 일이든 공부를 해도 늦지 않습니다.

이 말은 요즘 누누이 제가 강조하고 있는 명리학 공부를 하는 이유와 그리고 이 공부를 해서 무엇을 할 건지를 아는 것이 제일 중요하다는 말입니다.


4. 독학을 하지 말고 시간과 비용을 투자해서 자기와 맞고, 바르게 알려 줄 선생을 모셔야 합니다. 즉 기초부터 고급까지(원국, 대운, 세운, 일진) 분석하는 방법을 모두 다 알고 있어야 하며 제자들의 길을 열어 줄 수 있고 언행일치 하는 분을 선생이나 스승으로 모셔야만 성취할 수 있습니다.

간혹 명리학을 순수하게 책만 보고 독학으로만 했다는 분은 한 번쯤은 의심해 볼 필요가 있습니다. 방대한 인간사와 자연의 이치를 논하는 학문을 혼자서 독학으로 성취했다는 것은 열에 한 두어 명 꼴로 매우 극소수의 일이기 때문입니다. 한마디로 자기 자신을 부풀리기 위한 거짓말일 수도 있으니 이런 것도 참고할 필요가 있겠습니다.

5. 초심을 잃지 마십시오. 바르게 알려주는 선생을 만나서 공부를 한다면 그 기간이 1년이 되었든 몇 년이 되었든 처음 자기 자신이 명리학을 하겠다는 초심을 잃지 마십시오. 이것을 망각하는 순간 호구지책을 위해 사이비 잡사가 되고 거리를 헤매고 사주카페를 전전하게 되어 있습니다.

혹시나 현재 잡사를 하고 있는 분들은 더 이상 방황하지 말고 지금부터라도 이런 글을 접했으면 초심을 떠올리고 바른 선생을 만나 바른 공부를 통해 바른 카운슬러가 되어야 할 것입니다.

제가 드릴 수 있는 조언은 이 정도이고 다른 생각이 떠오르면 다시 소개하도록 하겠습니다.

바른 카운슬러의 길, 정도의 길을 가시길 바라며.

**산진수회처**山盡水廻處 **시각유대도**始覺有大道
**산이 다하고 물이 도는 곳에 비로소 대도가 있음이라.**

# 10.

## 명학은
## 탄생시가 중요하다

   갑자기 사주상담 중지 등 무리하게 개편하는 것이 아닌가? 라고 의아해 하실 분들이 계실 것으로 압니다만 원래 저라는 사람의 성향이 외부적으로 비추어지는 모습은 매우 제도권스럽고 별 고생은 안 하고 별 근심이 없는 사람으로 보이겠지만 밝음 뒤에는 그림자가 존재하듯이 저 역시 사람인지라 무조건 좋은 면만 있지는 않겠지요.

   즉 평소 때는 인자하고 좋을지 모르지만 뭔가 아니라고 판단이 되면 저의 성향 상 과감하게 끊어 내버리는 결단력이 있기 때문에 이번에도 상담을 중단해야 할 것 같다는 생각이 들어 그만 두게 된 것입니다.

   저라는 사람에게 관심이 있는 분들은 알겠지만 왜 그만두느냐면 일단은 개인적으로 좀 더 공부를 하고 싶고, 그리고 올해는 탐재심이 일어나는 해이기 때문에 재물을 탐하는 마음을 다스리기 위해 중단하게 된 것입니다. 특별히 거창한 이유는 없으니 그냥 그러려니 하면 될 것 같습니다.

   물론 저를 아껴주는 몇몇 분들께서는 명리를 업으로 삼는 사람이 상담을 하지 않으면 경제적으로 많이 힘들 건데 어떻게 하려나? 걱정이 되실겁니다만 비우지 않고서는 다시 채울 수 없기 때문에 어떻게든 다 살아가지는 법이니 크게 걱정 안 하셔도 되겠습니다.

아무튼 상담을 중단하고 나니 그동안 상담을 하면서 느낀 것 중 하나가 생각이 나는데, 바로 태어난 시간대를 모르는 분들이 의외로 많았다는 것입니다.

그중에서는 약 40대 초반까지는 대부분 대충이라도 "오후 1시 20분에서 40분 사이라고 부모님께 들었습니다"라고 말씀하시는 분들이 계시는데 반해 40대 초중반 이상인 분들은 제대로 시간을 알고 있는 분들이 거의 없기 때문에 상담을 해주는 제 입장으로서는 참 곤란한 적이 한두 번이 아니었습니다.

왜냐면 모든 명의 이치를 다루는 학문은 태어난 시간을 알아야만 명식이 성립되고 설사 시간이 분명하다고 해도 동일사주라는 문제가 있는데 이렇게 되면 구체적인 설명이 필요하지만 핵심만 이야기하자면 '당사자의 사주가 아닌 다른 이의 사주를 엉뚱하게 해석하는 것과도 같다'라고 보면 쉽게 수긍이 갈 것입니다.

그럼에도 불구하고 어떤 분들은 당장 뭔가 심사가 갑갑하니 지푸라기라도 잡고 싶은 심정으로 상담에 임하는 경우가 왕왕한데 결론적으로 말씀드리자면 제대로 된 상담이 되었을지는 의문입니다.

그렇기에 저 같은 경우는 애초에 시간대가 분명하지 않으면 상담 신청을 하지 말 것을 권유하기도 하는데 사람의 욕심이라는 게 한도 끝도 없는 것이 이럴 때 드러나곤 하지요.

여기서 생각해 볼 문제는 그냥 자신도 분명하게 모르는 상태에서 상담을 했다면 그것으로 만족하고 넘어가면 될 것인데 어떤 분들은 자신의 상상으로 만들어 낸 가짜 탄생시를 가지고 마치 그것이 진짜인 양 믿고 살아간다는 것입니다.

이에 대해서 카운슬러가 과거를 복기하면서 시추론을 해가면 뭔가 분명히 성격과 과거의 상황과 가족관계가 틀림에도 불구하고 의뢰인은 계속해서 부정을 하고 자기가 만들어 낸 가짜 시간대를 믿고 싶어 하는 경우가 많은데요, 솔직히 말씀드리면 참 한심하고 부질없는 짓입니다.

차라리 모르면 모르는 채로 알 때까지 열심히 공부하고 따라오든지 그조차도 안 될 것 같으면 애초에 명학 상담을 받지 말고 자신의 생업에 충실하면 될 것을 자신의 인생에 대해서 냉철하게 생각하지 못하고 계속해서 부정과 동시에 허황된 꿈을 꾸는 것은 서로가 서로에게 매우 피곤한 일입니다.

보이지 않는 부정도 거짓도 쌓이다 보면 언젠가는 한 번에 무너지는 법이니 대충 생각하지 말고 진지하게들 인생에 대해 생각을 해보아야 할 것입니다.

# 11.

## 운명은
## 100% 정해져 있나요? (1)

오늘은 운명학을 공부하는 분 이외에도 누구나 살면서 한 번씩은 생각해 볼 수밖에 없는 화두를 이야기해 보려 합니다.

우선 제목처럼 "운명이 100% 정해져 있나?"라는 질문 이전에 "운명이라는 것은 과연 있는가?"라는 화두를 해결하고 그 다음 이야기를 해야 할 것입니다.

제가 저술한 학습서 『팔자술의 정석』을 읽어보았던 분들은 이미 저의 견해를 잘 알고 있겠지만 모르는 분들이 아직까지는 당연히 상대적으로 더 많으므로 다시 이야기해 보도록 하겠습니다.

운명이라는 글자는 한자로 '옮길 운運' 자에 '목숨 명命' 자를 쓰고 있습니다. 즉 목숨이라는 것은 생명이므로 이미 사람이 태어날 때부터 정해져 있는 선천적인 요소이고, 운이라는 것은 그 선천적인 바탕 속에서 운용되는 일련의 움직임이라고 보면 되겠습니다.

쉽게 이야기 하려 했는데 이해를 못했다면 '그냥 그런가보다'라고 일단은 양해를 해주시고 계속 읽어보셨으면 합니다. 아무튼 제가 이야기하고 싶은 것은 누구나 운명이라는 패턴, 즉 선천적으로 타고난 길이 있다는 것입니다. 이를 일러 저는 "누구나 인생의 설계도라는 사주팔자가 정해져 있다"라고 말을 하는 편입니다.

좀 더 구체적으로 이야기해서 이 세상이 복잡하고 그냥 아무렇게나 운영돼 가는 것 같지만 모든 흥망성쇠와 희로애락은 사실 패턴, 즉 정해져 있는 규칙이 있기 때문에 설사 전쟁이 나더라도 이 세계가 완전히 파괴되지 않고 공존이 되는 것입니다.

즉 불규칙적이고 눈에 보이지 않으나 우리가 모르는 제3의 요소들에 의하여 세상은 큰 관점에서 균형을 이루고 나름 그 속에서 질서를 가지고 유지된다는 이야기입니다. 마치 시끄러운 헤비메탈 뮤직이 아무런 규칙도 없고 파괴적이고 부자연스럽게 들리겠지만 그 속에도 리듬이 있고 그 나름의 규칙과 패턴이 존재하는 것과도 같습니다.

이것을 자연의 이치로 보자면 밤이 오면 새벽이 오고 닭이 울면 곧 아침이 된다는 것을 알고 또 낮이 되면 밤이 온다는 것을 아는 것과 똑같은 이치입니다.

다만 사람의 인생도 이와 다를 바가 없음에 주의 깊게 관찰하지 않고 이치를 궁구하지 않기 때문에 지구촌 절반의 사람들은 운명이 있다는 것을 믿는 것이고 절반은 없다고 믿는 것이지요. (표현을 절반이라고 했지 실제로 어느 정도의 확률인지는 통계적으로 모릅니다.)

이상 지금 현재로 제가 논증하고 설명할 수 있는 부분은 여기까지인데 그래도 하나도 말이 안 되고 모르겠다는 분들은 그냥 어여삐 봐주시고 각자가 믿는 바대로 살아가면 되겠습니다. 이렇게 보면 결국은 이 세계도 그렇고 이 우주도 그렇고 사람의 인생에 있어서 패턴에 속하는 운명이라는 것은 있다는 이야기가 되겠습니다.

이 한 편으로 끝내려고 했습니다만, 그렇다면 운명은 100% 정해져 있어 절대 벗어날 수 없고 자유의지와 선택이 없냐는 이야기는 다시 다른 지면을 통해 알아보도록 하겠습니다.

# 12.

## 운명은
## 100% 정해져 있나요? (2)

1부에 이어 오늘은 2부, 운명은 진실로 100% 정해져 있는지를 알아보는 시간입니다. 우선 운명을 알아보는 학문은 서양에도 여러 가지가 있겠지만 동양에서는 예로부터 '동양오술東洋五術'이라 불리는 역학 지식 체계를 간단하게나마 알 필요가 있겠습니다.

동양오술은 중국의 한 문파인 명징파. 일명 '투파'로부터 정립된 이론입니다. 그런데 가만히 살펴보면 도가의 수행과 밀접하므로 지금까지 전해져 오는 정립된 오술이론이 투파로부터 그렇다는 것이지 독창적인 한 문파만의 오술체계는 아니니 착오 없으셨으면 합니다.

동양오술은 아래와 같이 분류됩니다.

역학易學 → 삼역(희역, 주역, 정역), 삼극(무극, 태극, 황극) → 근본된 우주변화의 원리.

동양오술(명命, 복卜, 상相, 의醫, 산山)

1. 명학: 명리학, 자미두수(기문둔갑을 포함시키는 분들도 있으나 저는 생략합니다.)

2. 점술: 구성학, 육효, 주역점, 동전점 등등

3. 상  : 관상, 풍수지리(상은 형체를 살피는 단계이므로 역시 풍수도 이 단계
　　　 에 포함됩니다.)

4. 의술: 한의학, 체질학, 섭생법

5. 선仙 : 원래 산에서 수행을 하는 행위로 신선이 되려는 것으로 역시
　　　 제 나름대로 '사람 인人' 자를 붙이게 되었습니다. 포괄적으로
　　　 종교가 해당되며 기타 명상, 수련, 도인술 등에 포함됩니다.

　바로 이 다섯 가지의 오술체계가 '동양오술'이라는 것인데 그중 역학은
거시적인 우주의 변화를 다루는 영역이므로 이 지면에서 논할 바가 아니
고 가만히 살펴보면 1명, 4술이라는 원리가 성립됩니다.
　즉 명이라는 것은 사람이 태어나면서 선천적으로 정해진 도수度數이므
로 '생명生命'이라고 합니다. 그렇기 때문에 사람의 근본적인 명의 이치를
다루는 학문이라고 하여서 '명학命學'이라고 하며, 이 명학에는 크게 음양
학의 양대 산맥인 절기력을 중요시하는 명리학과 태음력을 중요시하는
자미두수가 포함되는 것입니다. 여기에서 좀 더 진보된 이론을 가미해서
설명할 수 있으나 주제가 계속 벗어나므로 이만 생략하도록 하겠습니다.

　본론으로 돌아가 이 오술체계를 언급한 이유에 대해서 혹시나 아실 분

이 계실지 모르겠습니다만 다름이 아니라 명학에 해당하는 단계는 생명을 부여 받고 태어난 인간이라는 존재라면 누구나 자신의 인생 설계도가 정해져 있다는 것입니다.

즉 이 장에서는 운명의 한 부분인 숙명과도 관련된 부분인데, 이것이 바로 패턴이고 이것은 그 누구도 벗어날 수 없는, 정해져 있는 부분이라는 것입니다. 이해를 돕기 위해 좀 더 쉽게 예를 들어 보면, 아이들이 좋아하는 전자오락 게임에서 '스테이지1' '스테이지2'라고 해서 각 스테이지마다 미션을 클리어하면 엔딩까지 가게 되어 있습니다.

물론 게임을 하다보면 중간에 게임오버가 되는 경우도 있고 끝까지 엔딩까지 볼 수 있겠지만 아무리 무슨 수를 쓰더라도 프로그래밍 되어 있는 게임의 스테이지를 자신이 마음대로 바꿀 수는 없는 노릇입니다. (치트키 예외!)

그렇기 때문에 타고난 '명命'이라는 것은 바로 자신이 어느 시간과 공간에서 행했던 모든 것들이 인과의 법칙으로 인해 현생에서 프로그램 되어 있는 스테이지를 살아가게 되는 것이고 이것이 바로 패턴(pattern)이라는 것입니다. 저도 영어를 잘 못하지만 적절히 쓸 만한 우리말이 생각이 나지 않아서 영어를 쓰게 된 것이니 이에 대해서는 양해를 구하는 바입니다.

이제 운명에서 명이라는 것은 무엇인지를 알아보았고 그렇다면 진정 아무런 선택이나 자유의지가 없는 것인지 그것은 다음에 기회가 되면 이야기해 보도록 하겠습니다.

# 13.

## 명리학
## 관법(이론)의 선택

오늘은 오랜만에 비가 내려서 여러 가지 사색에 잠기게 만드는군요. 그것도 봄에 내리는 비인데 지역마다 다르긴 하겠지만 제가 살고 있는 서울도 오락가락하는 편입니다. 저에게 있어서 비라는 성분이 제 명식에서는 소중한 성분이기 때문에 싫지만은 않군요. 일종의 부슬부슬 내리는 비를 좋아하는 편입니다.

아무튼 오늘은 공휴일이기도 하니 대부분 집에 계실 것으로 생각 됩니다. 그래서인지 저도 책상 앞에 앉아 있는 시간이 많아서 간만에 요즘 사학계의 동향이 어떻게 돌아가고 있는지 궁금해 이런 저런 카페에 가 글도 읽어보고 오픈된 동영상 강의도 감상해 보았습니다. 쭉 보고 난 뒤에 드는 생각은 요즘에는 상당히 관법들이 평준화 된 경향이 있는데, 그 이유는 미디어의 발달 때문인 것 같습니다.

저 역시 미디어를 철저하게 이용하는 사람으로서 참 편해서 좋기는 한데 뭔가 너무 가벼운 느낌이 드는 것도 사실입니다. 즉 강의 현장에 직접 참석해서 듣는 것과는 달리 아무래도 온전한 공부가 되기는 힘들 것 같다는 생각이 들었습니다만 관법들이 평준화 된 것은 미디어의 발달에 따라 경쟁이 시작된 것이고 서로 알게 모르게 영향을 미쳤기 때문에 비슷비슷해진 것이라고 분석하고 판단하고 있습니다.

이렇게 되면 학우들이나 동호인들 입장에서는 골라 먹는 재미는 있을지 모르나 군계일학이라 수많은 닭들 중에 어느 쪽이 봉황인지는 알 수가 없는 혼란스러움도 가중되므로 역시 일장일단이 있다고 하겠습니다.

이 밖에도 관법들이 평준화 된 것은 상담을 제대로 하는 사람이 드물기 때문에 그러한 것으로 보입니다. 즉 명리학의 본질은 술수가 아니라 학문이므로 학문이 깊어지면 나아갈 길과 물러설 때가 명백히 보이며 이것을 통해 카운슬러는 의뢰인에게 분명한 비전을 제시하는 것인데 사람들이 눈에 보이는 화려한 동영상 속의 술기들만이(족집게처럼 집어내는) 명리학의 전부라고 생각을 하고 있으니 오리무중이 되어 버렸습니다.

그러니 주객이 계속해서 전도되는 상황이 사학계에서도 벌어지고 있으므로 앞으로는 강의뿐만 아니라 진정으로 학이 되어 있는 학자와 술사들만이 카운슬러로 활동이 가능하고 나머지는 자신의 용신운에 빛을 보고 다시 다른 직업을 고민해야 할 것입니다.

처음 제 카페나 블로그에 와서 이런 글을 접하는 분들은 이야기가 다소 무겁고 어려울 수 있겠지만 10년 이상 동양철학을 공부하고 경험해 본 사람의 조언이라 생각하면 편안하게 받아들일 수 있을 겁니다.

끝으로 입문하는 분들은 단순하게 누가 유명하거나 인터넷 샘플 강의 같은 것만 보고 판단하지 말고 직접 발로 뛰는 노력이 필요하고 자신이 어떠한 유형의 사람인지에 따라 선생과의 인연도 맺어진다는 것을 이야기해 드리고 싶었습니다.

음. 마침 커피 한 잔을 다 비웠군요. 비 오는 토요일 오후, 마저 차 한 잔 더 하면서 이만 글을 줄여야 할 듯합니다.

# 14.

# 명리학은
# 서비스업이 아니다

새벽에 생각이 나서 한 꼭지 올려 보려다가 이제서야 몸이 조금 회복되어서 올리게 되었습니다. 올해는 저에게 있어서 매우 중요한 한 해로써 대운마저도 바뀌는 해인데 좋은 일도 많지만 우선은 힘든 일이 많아서인지 몸 상태가 자주 좋지가 않습니다. 그러니 기복이 있더라도 독자들께서는 이해해주셨으면 합니다.

그럼 본론으로 들어가 요즘 난립하는 역술인들을 보고 있으니 갑자기 '명리학의 본질은 무엇일까?'라는 고찰을 하게 되면서 오늘은 명리학이 어떤 업으로 분류되는지를 알아보려 합니다. 결론부터 말하자면 명리학은 제목 그대로 서비스업이 아니고 활인업에 속한다고 보면 되겠습니다.

여기서 서비스업과 활인업에 대한 차이를 알아야 하겠는데요, 서비스업이란 상업적인 이윤 추구를 위한 각종의 유무형적인 대접과 접대를 일컫는 직업을 말하는 것입니다. 한마디로 돈을 벌기 위해서 고객으로부터 어떤 수모를 당하든 뭐를 당하든 항상 미소를 띠고 접대를 잘해 드리는 업종이 서비스업이 되는 것이지요.

이런 점 때문에 사람들은 명리학이 학문을 배우고 강의를 하는 것도 있지만 주된 수입이라 할 수 있는 것은 사주상담을 통해서 상대방의 기분을 좋게 해주거나 상대방의 하소연을 들어주는 것이라 생각해서 서비스업으로 인식하여 천대시하는 경향이 있습니다.

물론 싸구려 사주쟁이들 같은 경우는 클라이언트(의뢰인)의 하소연을 들어주고 비위를 맞추는 것이니 서비스업으로 분류해도 상관이 없을 것입니다. 그러나 카운슬러(상담가)라는 명함을 가지고 활동하는 명리학자의 경우는 단순히 하소연을 들어주는 것이 아닌 인생 전반에 대한 것을 카운슬링(상담)을 해주는 것인데 이것은 서비스업에 속하지는 않습니다.

여기서 생각해 보아야 할 점은 무조건 비위만 맞추고 돈만 벌려는 행위와 진지하게 그 사람의 고민을 들어주고 원인을 찾고 해결 방법을 제시하는 행위는 하늘과 땅 차이라 할 만큼 분명 다른 업이라는 것을 상기할 필요가 있습니다. 여러분께서 후자가 아닌 전자인 사주쟁이들에게 찾아가서 과거 몇 가지 상황을 복기하여 맞추고 하소연을 하여 기분이 좋아졌다면 그것은 상담이 아니라 단순한 서비스를 받았다고 보셔도 무방할 것입니다.

그러나 후자처럼 원인을 파악하고 해결 방법을 제시 받았고 그에 대해서 쓴소리도 즐거이 듣고 실천을 하여 흉한 것은 감쇄시키고, 길한 것은 더욱 길하게 만들었다면 그것은 서비스를 받은 것이 아닌 명리학자에게 제대로 인생 상담을 받은 것이라 하겠습니다.

이러한 연유로 저는 명리학이 단순한 서비스업이 아닌 사람을 살리는 직업으로써 '활인업活人業'이라고 하는 것입니다. 그럼 불금 과음하지 마시고 공부도 할 수 있는 보람된 시간 되셨으면 합니다.

# 15.

## 상담도 중요하지만
## 직접 공부를!

어느새 15번째 시리즈로군요. 처음에는 잘 할 수 있을지, 꾸준히 할 수 있을지 걱정이었는데 의외로 이번 기획이 반응이 좋아서 저자인 저로서도 신나고 힘이 되는 일이니 아무래도 다른 시리즈보다는 글을 자주 쓰게 되는군요.

그럼 거두절미하고 오늘은 명리학은 상담을 받아보는 것도 중요하지만 직접 공부를 해보는 것이 더 중요하다는 이야기를 해볼까 합니다.

앞전에 이야기했듯이 사주쟁이를 만나 하소연을 하거나 단지 기분을 좋게만 할 것이 아니라 제대로 된 카운슬러를 만나 원인과 해결 방법을 제시 받는 것이 제대로 된 상담이라고 한 적이 있습니다. 그렇게 된다면 나아갈 길과 물러설 때를 알기 때문에 삶에 있어서 큰 사고가 일어나지 않기 때문입니다.

물론 정해져 있는 큰 줄기의 운수를 사람이 자기 마음대로 바꿀 수는 없겠지만 지극한 정성과 노력이 있다면 흉한 것은 감쇄시키고 길한 것은 더욱 길하게 하는 것이 우리가 바로 운명학인 명리학을 공부하고 상담 받는 가장 큰 이유 중에 하나이기도 합니다.

이런 관점에서 볼 때 사람의 인생 전반을 다루는 학문이기 때문에 저같은 경우는 앞으로 어린이들이나 청소년들 또한 어릴 적부터 명리학을 배워 일찌감치 인문학적인 소양과 인격수양 공부를 해야 한다는 입장입니다.

물론 아직까지는 명리학의 관법들이 성인 위주로 대부분 커리큘럼이 짜여 있고 인식 또한 바른 분별력이 없이 비제도권의 학문이라는 이유만으로 오해의 소지가 많습니다만 저의 마음 한편으로는 자라나는 꿈나무들에게도 언젠가는 명리의 도道를 가르쳐야 한다는 입장은 항상 간직하고 살고 있습니다.

아무튼 이런 명리학은 원인과 해결 방법을 제시할 수 있는 자질이 있는 카운슬러에게 상담을 받는 것도 중요합니다만 사실 카운슬러가 아무리 의뢰인이 알아들을 수 있는 쉬운 말로(이것을 통변이라고 함) 명운에 대해서 설명하고 상담을 해주어도 기본적으로 명리학의 취지와 개념, 학문적인 구조를 모른다면 상담을 받는 것도 쉬운 일이 아닙니다.

예를 들어 이런 것입니다. '대운에서 용신이 와서 득재를 하게 되니 생각을 이렇게 가지고 행동을 저렇게 해야 합니다'라고 이야기하면 명리학을 기본적으로 공부하고 있는 분들은 이 학문의 구조를 제대로 이해하고 있으므로 상담을 해주는 카운슬러나 청자 모두 설명하기도 편하고 받아들이기도 쉬운 편입니다.

정리하자면 명리학을 전문적으로 저처럼 굳이 모든 걸 다 알아야 한다는 것이 아니라 어느 정도 기본기는 체득한 후 상담을 받는 것이 훨씬 더 수월하다는 이야기인데 사실 이것은 다른 분야도 마찬가지이며, 어떤 물건을 사용할 때도 미리 사용설명서를 읽고 사용하는 것과 그냥 사용하는 것은 분명 차이가 있는 것이니 충분히 이번 글을 쓴 의도를 이해하셨으리라 보고 이만 퇴장하겠습니다. 총총.

# 16.

## 명리학을 직접 공부하면
## 좋은 이유

.

15번 시리즈를 쓰고 보니 직접 공부하면 좋은 이유에 대해서 설명이 부족했는데요. 여러 가지 이유가 있습니다만 우선 떠오르는 것은 여러분들 중 어디 점집이나 철학관, 사주카페나 길거리에서 심심풀이로 한 번이라도 간명을 받아보지 않은 분들은 없을 것입니다. 무엇보다도 점보는 문화가 아주 오래전부터 익숙하고 만연한 한국 사회에서는 지극히 당연한 문화현상일 것입니다.

그런데 대부분이 과연 그 사람들이 제대로 실력을 갖추고 여러분의 소중한 인생을 상담을 해주었을지 의문일 겁니다. 결론부터 이야기하자면 90%가 엉터리 간명이었을 거라고 저는 확신하고 있습니다. 저 같은 경우는 제 명식의 해석이 어렵다보니 이름 난 술사들에게 유료로 간명 받아본 적이 있고 제가 살아왔던 중요한 이야기도 다 해주었지만 그중에서는 반도 제대로 못 맞춘 사람도 있었습니다.

참 시사하는 바가 크다는 것이죠. 그만큼 사람의 운명을 아는 것이 어렵다는 이야기도 될 겁니다. 저 역시 명리를 업으로 삼고 있기는 합니다만 제가 100명이면 100, 전부 다 100프로 분명하게 간명했다고는 말할 수 없습니다. 그러나 어떤 일이든 학문이든 원리라는 것이 있고 원리가 있다면 틀이라는 게 존재하는 법입니다. 이 틀을 제대로 갖추려면 근본을 알아야 하고 기본기가 튼튼해야 합니다.

그렇지 않으면 의뢰인이 과거 상황을 다 알려주어도 전부 다 틀리게 되는 겁니다. 그러니 제대로 실력이 있는 명리학자나 술사를 만난다는 것도 큰 행운이요. 인연이 없다면 불가능한 일인데 제대로 된 명리를 배운다는 것이 쉬운 일이 아닙니다.

아무튼 이런 틀을 잘 갖추게 되면 적어도 여러분도 굳이 다른 사람에게 간명을 받을 필요가 없고 자신 스스로가 자신의 분수를 알고 중화를 맞추는 삶을 살면 되는 것인데 말이 쉽지 역시나 어렵습니다.

오늘도 삼천포로 빠져 겨우 원점으로 돌아왔습니다만 핵심은 제대로 사주를 간명해서 삶의 진퇴를 알려주는 사람이 매우 드물기 때문에 제대로 선생을 만나서 틀을 갖추게 되면 굳이 시간과 돈을 낭비하면서 다른 이들에게 자신의 명운을 간명 받을 필요 없이 스스로가 조절하면 된다는 겁니다.

그렇기에 저는 개인적으로 제가 굳이 상담을 해주지 않아도 여러분 스스로가 자신의 명운을 알고 중화를 이루는 삶을 살았으면 하는 게 제 바람 중 하나이기도 합니다.

# 17.

## 철학관을
## 왜 할까?

어릴 때는 어머님들께서 철학관에 간다고 하고 어디 철학관 가니 용하다더라 그랬습니다. 그때는 그곳이 뭐하는 곳인지 몰랐던 시절이었습니다.

당시에는 인터넷이 없던 때라 너무 궁금한 나머지 물어보니 사주로 점을 보는 곳이라고 하던데, 들으면서도 이해가 안 갔던 것이 '아니! 철학이라는 뜻을 사전에서 찾아보면 사주로 점보는 곳이 아닌데 왜 저렇게 이름을 지었을까?'라는 의문을 품고 마뜩치 않게 생각을 했던 적도 있습니다.

더욱이 저라는 사람은 원래 유럽이나 일본을 동경하고 그들의 합리주의 사상이 과학적이고 논리적이라 모든 운명학을 사이비나 미신이라고 여길 정도였으니까요. 이런 제가 왜 그토록 사이비라고 여기던 동양철학을 서양학문 못지않게 우수한 학문이라고 여기고 전공을 하게 되었는지는 제가 저술한 『팔자정석』 서문에 나와 있습니다. 궁금하신 분들은 제 카페에 오셔서 한 번 읽어보는 것도 재미있을 겁니다.

아무튼 '철학'이라는 단어는 인문학을 대표하는 참 좋은 단어라고도 할 수 있는데 요즘에도 사주로 점보는 곳에서는 철학관이라는 용어를 많이 쓰더군요. 하긴 대중적으로 인식이 아직도 그러하니 그게 마케팅 방법으로는 나을지도 모르겠습니다. 한편으론 요즘에는 한 집 건너 하나일 정도로 철학관이나 점집, 무속인 등과 같이 역술을 보는 집이 허다합니다.

21세기 최첨단 과학 문명이 지배하는 시기에 왜 이렇게도 점집이 많을까 생각을 하다보면 역시나 물질과 기계과학만으로 인간의 상처 받고 아픈 마음을 다 치유할 수 없기 때문이겠지요. 그렇다고 해서 제대로 학을 익혀 카운슬러로서 카운슬링을 제대로 하는 사람도 없기 때문에 하나 같이 도매금으로 모든 역학인들이 욕 들어 먹는 것도 남 탓할 일은 아닐 겁니다.

이러한 비정상적이고 기형적인 구조로 우후죽순 식으로 너도 나도 퇴직해서 또는 할일이 없으니 대충 근거와 이치가 없는 신살론 같은 잡술을 익히거나 신내림 비슷한 것을 받아서 사주를 봐주려고 하는 분들이 많은데, 자기 자신의 팔자 중에서 과연 몇 글자나 제대로 보여서 남의 사주(인생)를 함부로 상담해주고 있는지는 알 수가 없는 일입니다.

마치 대형마트가 골목상점을 다 잠식해버리고 나머지 영세업체들이 제 살 깎아먹는 식으로 난립하다보니 제대로 된 상품을 파는 곳이 없는 상황과 비슷하다고 볼 수 있습니다.

그런데 어떻게 보면 매우 간단합니다. 무엇이 간단하냐면 제가 누누이 이야기했듯이 자신이 철학관을 하려고 하는 동기가 무엇인지 그것이 진정성이 있는 일인지를 판단하면 자기가 계속해야 될지 말아야 될지를 금방 알 수 있다는 이야기입니다. 즉 명리학을 공부하는 이유가 무엇이고 이 공부를 해서 무엇을 할 건지를 명확히 인식한다면 더 이상 방황할 필요가 없는 것입니다.

10년 넘게 동양철학을 공부한 제 노하우를 한 가지 말씀드리자면 명리학을 업으로 삼아서 한 달에 돈 100만 원도 못 버는 사람들이 부지기수이며 절대 큰돈을 벌 수 없는 학문이라는 것을 아셔야 합니다.

무엇보다도 자기 명운도 모르는 사람이 남의 명운을 봐준다는 것은 있을 수가 없으며 돈을 못 버는 것은 고사하고 오히려 구업만 짓게 되는 일이니 더 이상 말해서 무엇 하겠습니까?

저는 이 학문을 하면서 돈을 크게 벌 생각이 없습니다. 물론 실력을 인정받아서 큰 재물이 자연스레 들어오는 것을 뭐라 할 일은 아니지만 애초에 큰 돈 벌 생각으로 하는 일이 아니기 때문에 마음이 편안하다는 겁니다.

물론 제가 이렇게 이야기하면 매우 섭섭해서 거시기 할 분이 있을 것이고, '역학인 중에 큰돈을 번 사람도 있지 않습니까?'라고 이렇게 반문하는 사람도 있을 건데요, 설사 그렇다고 해도 운발이 아주 좋아서 일시적인 현상으로 그런 것이 아니면 실제로 역학을 활용한 바르게 비즈니스(교육

사업)를 할 명운이기 때문에 극소수의 케이스가 있긴 하나 그런 특수한 케이스는 예외라고 할 수 있겠습니다.

즉 그냥 조금 관심 있고 만만해 보인다고 해서 아무거나 덥석 하지 말고 사주를 몰라도 지난 인생 살아오면서 무엇을 내가 가장 잘했고 무엇이 문제였는지를 파악해서 차라리 자신의 적성과 소질을 잘 파악하여 새로운 길을 모색하는 것이 현명하지, 그렇지 않으면 안 하느니만 못한 것이 바로 역술업, 철학관이라는 겁니다.

끝으로 저는 철학관, 역술업이라는 말을 좋아하지 않습니다. 왜냐고요? 왠지 학문하는 사람이 아니라 이상한 사람처럼 보이기 때문입니다.

# 18.

## 상담이 불가한
## 사람들

최근에 팔자술 정석 오프라인 수업을 듣고 있는 분께서 대학전공으로 심리학을 전공하셨다고 해서 역시나 저와 비슷한 동종업계(카운슬링이니까)의 전문가라 그런지 아주 유익한 시간을 보내고 있습니다.

한창 대화 도중 치유와 상담 자체가 불가한 클라이언트(의뢰인)에 대해서 이야기가 나왔는데 심리학 용어라 생소해서 기억이 나지는 않지만 무슨 수치가 있는데 이런 것이 나오는 사람은 그쪽 업계에서는 상담 불가라고 하여서 그 분야도 그런 경우가 왕왕하다고 알려주었습니다.

명리에서는 여러 가지 경우가 있는데 우선은 자신의 시간대를 정확히 모르는 분들이 여기에 포함이 됩니다. 심지어는 태어난 생일조차도 부모님에게 들은 것이 희미해서 잘 모르겠다는 분들도 있는데 이런 분들은 대부분 보면 나이가 40대 이상의 중장년층에 속하는 분들입니다.

다들 그 당시에는 시계가 없었다니 뭐니 하면서 모르는 게 당연하지 않냐 하면서 오히려 상담을 해주는 카운슬러를 비난하는 경우도 가끔은 있습니다.

즉 족집게 무당이라는 선입견을 가지고 있기 때문에 그러한 것은 자신들이 몰라도 상담을 해주는 카운슬러가 무슨 수를 써서라도 알아서 시간대를 잡아서 상담해주어야 하는 것이 아니냐는 논리입니다. 물론 명리학에서는 시추론 기법이라고 하여 과거 상황을 일일이 다 복기하여 탄생시를 추론하는 것이 가능하기는 합니다만 의뢰인이 명리학에 대한 기본적인 교양지식이 없으면 사실 안 하느니만 못한 경우가 많습니다. 일종의 자신의 사주를 합리화시키려는 구석이 많기 때문에 이 조차도 불확실 하다는 것이지요.

무엇보다도 사주상담을 받는다는 것은 앞날을 예단하고 그에 대해서 어떠한 자세로 바르게 대처하고 처세해야 하는지를 알기 위한 것인데, 뭔가 요행을 바라고자 상담을 요청하는 경우가 많으므로 이런 분들도 사실은 상담이 불가한 사람들입니다.

그러니 후자가 목적인 분들은 차라리 용하게 무조건 이것저것 잘 맞추어 주는 부채도사에게 찾아가거나 몸이 아프다면 유능한 의사를 찾아가면 될 것이고, 돈 문제라면 투자 전문가이거나 사기를 잘 치는 수법 같은 것을 가르쳐주는 쟁이들을 찾아가면 그게 마음이 편하고 자신이 원하는 상담이 될 것입니다.

이외에도 계속해서 카운슬러의 간명을 무시하고 자신이 만들어낸 가짜 탄생시를 믿고 싶어 하는 분들이거나 거짓말을 계속하는 경우도 상담이 불가한 사람들입니다.

이런 분들도 상담을 받고 제대로 된 인생을 살고자 하는 것이 아니라 요행을 바라는 일이기 때문에 저의 상담 기준에서는 상담이 불가한 사람들입니다. 또한 명리학에 대해서 잘 모르면서 풍문으로만 알고 있는 얕은 지식의 소유자들도 뜨내기인 경우가 왕왕하므로 이런 분들도 상담이 불가합니다.

또한 기본적인 호칭 예절이나 인사가 없거나 반말을 하는 경우도 역시나 상담이 불가합니다. 이렇게 쓰다 보니 명학상담을 받을 수 있는 사람이 별로 많지는 않을 것 같군요.

물론 명리학이 아직 음지의 학문이다 보니 어떤 이는 자신이 보고 싶어하는 대로 보고, 듣고 싶어 하는 대로 듣고 싶어 하는 심리와 멋대로 하고 싶은 생각을 나쁜 것이라 함부로 잣대를 들이댈 수는 없습니다. 그렇지만 자신이 싸구려가 될 것인지 아니면 존경까지는 아니더라도 존중과 예우를 받고 싶다면 자신의 처세라는 것은 그 어떤 분야를 막론하고 매우 중요하다 할 것입니다.

# 19.

## 무료 사주상담의 폐해

오늘 드디어 4월에 시작했던 팔자술 정석 기초반 오프수업을 종강했습니다. 원래는 다음 주에 종강인데 수업에 참석하신 분들의 학습태도가 열정적이고 열공이시니 굳이 주 1회가 아닌 2회를 해도 상관없겠다는 생각이 들어 이틀 연속으로 강의를 하고 종강을 하였습니다.

그 다음 기초반과 중급반 개설은 사실 이제 더 이상 진행하지 않을 생각이었습니다만 아직 많은 분들이 제 강의를 듣지는 않지만 소수라도 열공하는 분들이 계시므로 다시 오프수업에 대한 공지를 올릴 생각이니 명리학 ZERO의 관법을 배우고자 하는 분들은 참고하셨으면 합니다.

그나저나 요즘 갑자기 드는 생각이 몇몇 분들이 질문한 것도 있습니다만 무료 사주상담을 해주면 인지도가 올라가거나 회원들이 많을 거라고 조언을 주셨는데 맞는 말씀입니다.

왜냐면 그러한 마케팅은 제가 작년에 다른 플랫폼에 있는 명리학ZERO 카페에서 이미 써먹었던 방식이었습니다. 그 덕분에 작년에 회원이 일시적으로 며칠 만에 100명 이상이 가입하고 많은 분들이 무료간명도 받은 적이 있습니다.

물론 한 두어 가지의 질문만 답변 드렸지만 저 역시 마케팅의 일환으로 이미 시연한 적이 있습니다만 문제는 이러한 무료라는 개념이 한국 사회에서는 너무나 당연하고 자칫 잘못하면 가벼운 느낌마저도 듭니다.

모두가 그렇지는 않지만 무료로 사주 간명을 해주면 계속해서 카페 활동을 하면서 진득하게 공부를 하는 것이 아니라 그냥 자기가 듣고 싶은 대답만 듣고서는 그것이 자기가 만족할 만한 대답이면 사주 잘 보신다면서 칭찬하며 사라지거나 또는 자기가 원하지 않는 대답이라 오히려 카운슬러를 비난하는 경우가 왕왕합니다.

일종의 이런 것이죠. '역시 공짜로 봐주는 건데 뭐 잘 맞겠어? 그냥 심심풀이로 보는 것이지. 얼굴도 모르는데 아무렴 어때?' 또는 계속 봐달라고 조릅니다. 그러다가 안 되겠다 싶으면 "혹시 모르니까 답변 안 하는 것 아니세요?" 등등 오히려 학습자나 상담을 받는 사람이 카운슬러를 가르치려고 듭니다. 이런 모습을 보고 있으면 저는 또 다시 회의감에 빠집니다. 그리고는 이렇게 대답을 합니다.

"틀린지 아닌지는 세월이 지나 보면 알겠지만 어차피 진지하게 상담을 받고 정직한 마음으로 삶을 살지 않는 사람은 그 누구를 만나서 상담을 받아도 귀담아 듣지 않고 자기 멋대로 살 것인바, 그냥 너 님 하고 싶은 대로 하세요"라고.

그러면 찔리는 것이 있어서 "아, 네… 그러면 선생님 말씀대로 하면 되겠는지요? 그리고 명리학 공부는 돈 생기면 유명한 분에게 가서 배우겠습니다"라는 아주 속물근성으로 재질문과 함께 답변을 원하곤 하지요.

마치 재주는 곰이 부리고 돈은 되놈이 번다는 식의 속담이 딱 이 경우인 거죠. 즉 이런 분들은 애초에 거시기하게 자기 멋대로 살고 싶어 하기 때문에 저 역시도 포기입니다.

또한 학습자의 신분으로 질문을 하는 입장이면서 "모르니까 답변 안 해주는 것 아니에요?"라고 따지면 저는 이렇게 대답합니다.

"제가 알려드린 관법이나 이론이 아니니 님이 본 책의 저자에게 연락을 하든지 수업을 받은 사람에게 물어보는 것이 오히려 지름길이자 정석이 아니겠는지요?"

이러면 바로 자신의 질문 글을 지워버리고 탈퇴를 해버립니다. 그럼 저는 반드시 해당 아이디들을 모두 다 기록하여 다음번에 불미스러운 일을 방지하기 위해 대처를 세우게 됩니다. 대처라는 게 다른 게 아닙니다. 누구인지 뻔히 알기 때문에 시시비비를 가릴 필요가 없겠지요.

이렇듯 공짜라면 양잿물도 무조건 좋다고 덥석 받아먹으면 말 그대로 양잿물이기에 한방에 '다이(die)' 할 가능성이 높으므로 지금이라도 혹시나 무료 사주상담을 즐기시는 분들은 주의하는 게 좋을 것입니다.

아! 물론 무료 자체가 문제는 아닙니다. 바르게 상담 받는 이들과 상담해주는 카운슬러는 예외입니다.

# 20.

## 명리학은
## 하나의 외국어이다

요즘 나의 장점은 무엇인가 생각을 많이 하게 되는데요. 일종의 이런 것입니다. 나는 다른 명리학 강사나 술사, 학자들에 비하면 학벌도 없고, 인맥도 없고, 돈도 없고 경력도 다른 사람들에 비해서는 짧은 편인데 무엇으로 내가 당당해질 수 있겠는가?

생각을 해보니 특별히 이렇다, 저렇다, 내세울 만한 것은 없는데 일단은 젊음이 장점이 되고 젊다는 것은 패기가 있으니 그 자체만으로도 장점이라 할 수 있습니다.

그리고 실제로 어필할 수 있는 부분은 각자의 기국에 맞게 이해하기 쉽게 알려준다는 것이 저만의 최대의 장점이 아니겠는가? 라고 생각을 해보았습니다.

어떤 역학 선배께서는 "비현은 월간에 편재(재물의 별)가 떠 있어서 색깔 선정이나 편집력, 디자인 등이 뛰어난 것이 좋소이다"라고 평가를 해주신 적이 있는데 이러한 부분도 저만의 독특한 명리학 스타일이 아닌가? 하는 생각도 해보았습니다.

저 선배의 제 명식에 대한 평가는 아주 적절합니다. 한편으론 하나의 편재라는 성분을 보고 누구나 똑같이 앵무새처럼 이야기하지 않고 여러 가지 견해로 통변할 수 있다는 것이 이 학문이 가진 최고의 매력이 아닐까라는 생각도 해봅니다.

아무튼 제 스스로는 쉽게 보편적으로 알려주는 것이 제 장점이라고 생각을 하고 있었는데 지금까지 수업에 참석하신 분들께서는 하나 같이 이 구동성으로 기초에 해당하는 통근, 투출의 챕터로 들어온 후 이어서 궁성론이라든지, 사계론(근묘화실), 성정론(성격)을 학습하게 되면 '음… 지금까지는 쉬웠는데 이제부터는 너무 어려워요. 선생님…'이라고 하소연을 하는 경우가 많습니다.

여기에는 두 가지 이유 때문에 그러한 것인데 하나는 기초의 완성이라 할 수 있는 부분이니 당연히 어려운 것이고 두 번째는 철저한 예습 및 복습이 되어 있지 않아서입니다.

그러니 어려운 것은 당연한 것이고 저 역시 경험이 있는 지극히 자연스러운 것이니 자신만이 열등한 것이 아닌가? 하는 걱정은 안 하셔도 되겠습니다.

또한 명리학은 사실 사람의 삶, 인생을 공부하는 학문이니 양이나 질, 그 어느 관점으로 보아도 방대하여 공부하면 할수록 사실 어려운 것은 어쩔 수가 없는 일입니다. 명리학을 공부하다 정신병이 생겨 머리가 이상하게 된 사람도 있을 정도라니 쉽다고 하면 거짓말일 겁니다.

다만 어떤 선생을 만나서 어떤 인연이 되느냐에 따라 어려운 공부도 조금은 쉽고 재미있게, 수월히 할 수 있다는 차이가 있을 뿐이겠지요.

명리학을 처음 공부하시는 분들은 명리학이란 우리가 처음 학교에 입학해서 영어나 일어든 생소한 외국어를 공부하면 어색함에 난감하듯이 똑같은 이치라 보면 되겠습니다.

물론 이 말이 외국어 전공자나 능통한 사람이 잘한다는 것과는 무관합니다만 하나의 새로운 언어를 배운다는 각오로 공부해 나가는 게 마음이 오히려 편하다는 이야기입니다.

다들 경험이 있어서 알겠지만 외국어 하나 회화든 문법이든 어느 정도 중급 수준으로 만드는 것도 아무리 소질이 있어도 몇 년은 투자해야만 가능한 일이니 급하게 마음먹지 말고 천천히 진득하게들 공부해 나가면 좋은 결과가 있을 겁니다.

그럼 열공 하시기를.

# 21.

## '명리학 ZERO' 의 의미

올해 오프수업을 해보니 명리학이나 저(비현)에 대해서 전혀 정보가 없는 분들이 계셔서 요즘에는 수업 시간 때 따로 '교양지식'이라 할 만한 것들을 많이 질문 받고 답변을 하고 있는 중입니다. 덕분에 간만에 자극적이고 즐거운 수업을 할 수 있어서 참석자 분들에게 우선은 감사의 인사를 전하고 싶습니다.

본론으로 들어가 오늘은 그동안 몇몇 분들이 게시판을 통해 질문 주신 것 중에 하나를 답변 드리려고 합니다. 다름이 아니라 제목처럼 비현 선생님께서는 자신의 블로그나 카페 이름을 왜 **'명리학 ZERO'**라고 짓게 되었는지 궁금하다는 내용입니다.

미리 결론부터 이야기하자면 사실 조금 거창한 뜻이 있습니다. 제 성향상 스펙터클한 예술을 추구하는 경향이 있어서 포부가 크고 원대한 꿈을 그리는 경향이 있습니다.

물론 이런 성향은 제 명식 자체가 그러하니 아주 자연스러운 현상입니다. 다만 오해가 없기를 바라는 것은 다른 이들처럼 외화내빈이 아니라

속도 꽉 찬 음양이 조화를 이루는 그러한 예술과 학문을 추구한다고 보는 게 저라는 사람을 이해함에 있어서 조금 더 수월할 것으로 판단됩니다. 쉽게 이야기해서 외모가 아름다운 미인이 있다면 마음씨도 예쁜 그런 미 美의 세계를 추구하는 명리학자라 보는 것이 타당하다 할 것입니다.

쓰다 보니 또 삼천포로 빠지는 것 같아 계속해서 뜻을 알아보자면 명리학이란 단어는 명命의 이치를 다루는 학문이라는 뜻으로 언급한 적이 있고, ZERO는 사실 처음에는 숫자 '0'에 기인한 것이었습니다.

'0'이라는 숫자의 의미는 옛날 성현들이 쓰신 '원시반본'이라는 뜻이 생각이 났고 이 말은 원시로 되돌아간다는 것인데, 즉 원시인이나 원시 밀림의 상태로 되돌아간다는 것이 아닌 근원으로 되돌아간다는 뜻으로 유불선 및 모든 동·서양오술이 하나의 뿌리가 되는 근본으로 통합되고 되돌아가고 하나의 정수로써 세상을 바르게 운영해 나간다는 뜻입니다.

여기서 한 술 더 떠서 제 개인적인 감상으로는 프로로 데뷔한 짧은 시간을 지켜보니 아직도 학문적인 난삽함은 물론 수요자나 공급자나 너나 할 것 없이 뒤죽박죽인 상태로 마켓이 형성되고 돌아가는 어수선한 상황을 깔끔하게 정리하고 싶다는 생각이 들었습니다. 그것을 이념으로 삼아 숫자 '0'이나 한글로 제로라고 하기에는 원 뜻을 제대로 전달하기가 힘들어 영문으로 'ZERO'라고 짓게 된 것입니다.

요약하자면 난삽한 사학계를 깔끔하게 정리하고 통합하고자 짓게 된 제호라고 생각하면 쉽게 이해가 가실 듯합니다. 이러니 서두에서 밝혔듯이 나름 꽤 거창하다는 것이지요.

끝으로 이것이 다가 아니며 지금 제가 하고 있는 모든 운영 방식은 앞으로의 거대한 계획의 일부분에 지나지 않으며 워밍업에 불과하다는 것을 알려드리는 바입니다. 눈과 귀가 열려 있는 분들과 저와 인연이 있는 분들은 저의 거대한 계획에 동참할 날이 곧 올 것이니 기대하셔도 좋습니다.

# 22.

## 적중률의 딜레마

이번 주제도 사실은 저는 개인적으로 오래전에 이미 머릿속에서 정리된 사안이지만 최근에 왕초보 입문자들께서 자주 문의를 해오는 조금은 무거운 주제라고 볼 수가 있겠습니다.

바로 운명학은 어느 정도의 적중률을 가지고 있냐는 문제인데요, 결론적으로 말하면 사람마다 다르며, 자신의 수련(공부)이 어느 정도인지에 따라 그것도 상중하로 나누어진다고 보아야 할 것입니다.

또한 근본적으로 이야기해서 인간이 기계나 신(God)이 아니기 때문에 그 어떤 고수가 있어도 모든 것을 맞춘다는 것은 논리적으로도 모순이며 누군가 그렇게 이야기하면 그냥 자신을 부풀리기 위한 거짓말이라고 보아도 무방하겠습니다.

여기서 논리적인 모순은 이러한 것입니다. 거의 모든 운명학은 시간대, 즉 탄생시가 매우 중요합니다. 그런데 40대 이상의 중장년층 중에서는 정확하게 병원 차트에 기록이 되어 있는 경우가 없으므로 자신이 알고 있는 시간대가 틀린 경우가 부지기수이며 또한 설사 알고 있다고 하여도 정확한 분分까지 알고 있는 사람은 거의 없습니다.

이것만 보아도 어쩌면 이 모든 세상을 있게 한 그 어떤 근원은 인간이 어느 정도의 영역까지만 알 수 있게 할 뿐, 그 이상의 도전은 허락하지 않는다고 보아야 할 겁니다. 그리고 설사 분分까지 정확히 알고 있다고 하여도 분分을 나누어서 지식체계로 짜여 있는 운명학은 거의 없고 설사 있다고 하여도 오래전에 사장된 경우이기 때문에 이 역시 불가하다는 것입니다. 그렇다면 결국은 태어난 두 시진의 허용 범위를 가지고 사주를 간명해야 하는 것인데 이렇게 되면 동일사주라는 것이 무척이나 많이 나오게 됩니다.

일이 이러하니 100% 적중을 시킨다는 것은 학문적인 지식체계의 한계이므로 애초에 가능하지가 않습니다. 이것뿐만이 아닙니다. 100% 적중시킨다는 말 자체가 모순입니다. 왜냐면 운명학은 물질로 이루어진 과학이 아니라 형이상학적인 세계이기 때문입니다.

세상 누구나 구름은 분명히 눈에 보이고 존재한다고 믿지만 누가 그 구름을 솜사탕으로 만들어서 먹을 수 있다고 장담을 하겠습니까? 말이 안 되는 이야기라 할 수 있습니다.

그리고 '자유의지와 선택'이라는 부분도 고려해 봐야겠습니다. 앞전에 누누이 이야기했듯이 세상의 모든 이치는 체體와 용用이라는 음양의 승부 작용으로 돌아가는 것인데 명운이라는 것은 정해진 패턴이지 사람이 절대로 바꿀 수 없는, 또는 선택할 수 없는 그런 것이 아닙니다. 이에 대해서는 또 이야기가 길어지고 방대해지겠습니다만 어려우면 그냥 역시 패스

하면 되겠습니다.

여기까지 읽어보고 이해를 못하신 분은 미안합니다만 아예 운명학은 소질이 없는 분이니 그냥 그만두고 마음 편하게 자기가 하고 싶은 일을 하면서 사시는 것이 정신건강에 좋으니 양해를 구하는 바입니다.

끝으로 이외에도 10년 이상 동양학을 공부해 온 제 입장으로서는 조언 해주고 싶은 이야기가 너무나 많지만 제가 계속해서 고기(결과)만을 주면 스스로 낚시하는 방법(노력과 궁구)을 익힐 수 없으니 이것은 저 혼자 주장 하고 떠들어 댈 뿐, 아무 의미가 없기 때문에 나머지는 스스로가 한 번 이 치를 생각해 보십시오.

노파심에 말씀드리자면 운명학뿐만 아니라 세상 그 어떤 종교나 사물, 현상, 이론을 접하고 그것이 좋다고 하여 맹신이나 과신하지는 마십시오. 3년 정도의 시간과 정성을 들여 알아보지 않고 섣불리 도道라고 규정짓는 순간 그것은 도가 아니라 자신만의 착각이 될 가능성이 농후하니까요.

# 23.

## 자신의 사주를
## 부정하고픈 마음

오늘은 약간 민감한 사안을 이야기하고자 하는데, 특정인들을 가리켜 하는 말이 아니니 오해나 왜곡 없이 그냥 편안하게 읽어주셨으면 합니다.

제목처럼 오늘은 누구나 사주학을 접하게 되면 처음에는 어떤 술사나 학자가 매우 용하다는 말에 혹해서 직접 간명을 받아보거나 상담을 받은 후 혹은 실망하기도 하고 혹은 매우 신봉하는 경우가 있습니다.

결론부터 말씀드리자면 저는 양쪽 다 바람직한 의뢰인들이 아니라고 생각합니다. 왜냐면 위에서 언급한 분들은 어느 쪽이든 한 쪽으로 치우친 경우이기 때문입니다.

그렇다면 명리학을 왜 배워야 하며 적중률이 높지 않은 것을 왜 해야 되냐고 따지는 경우도 있습니다만 명리학을 왜 배워야 하는지는 스스로 가 생각해야 할 문제이며 이것은 사실 제가 알려드릴 수도 있겠지만 우선 은 각자의 몫이라고 이야기하고 싶군요.

단지 적중률이 높지 않다고 여기는 것에 대해 답변하자면 명리학은 물질 기계로 이루어진 형이하학적인 학문이 아니라 자연의 이치를 사람에게 대입하여 명운을 보기 위한 형이상학적인 학문이기 때문에 눈으로 보이고 만지고 정확하게 자로 잰 듯이 신의 경지인(본 적은 없지만) 100% 절대적인 적중률의 학문이 아니라는 점과 학이 깊지 않은 점쟁이나 사주쟁이들 같은 경우는 적중률이 상당히 떨어지며 설사 매우 실력이 좋은 선생이라도 처음부터 의뢰인 스스로가 선생을 의심하며 자신에게 유리한 말만 들으려고 한다면 백 번 천 번 배워봤자 명리학뿐만 아니라 그 어떤 학문을 배워봤자 아무런 의미가 없는 것입니다.

고로 누누이 이야기했듯이 명리학뿐만 아니라 사람은 물론 그 어떤 종교나 사상이나 학문이라고 할지라도 맹신하거나 과신하는 것은 조심해야 할 필요가 있겠습니다.

아무튼 첫 단추를 잘못 끼웠다고 해도 생각을 바르게 가진다면 다시 인연은 비 온 뒤 땅이 굳어지듯이 혜안이 열려 성숙하게 되지만 계속해서 자신의 못남을 돌아보지 않은 채 보고 싶어 하는 것만 보고, 듣고 싶어 하는 것만 들으려 하는 등 연연하다 보면 결국은 아무것도 보이지 않는 것이 바로 명리라는 삶의 이치를 다루는 학문인 것입니다.

끝으로 그렇다면 명리학의 본질은 무엇이냐고 저에게 물어본다면 명리학의 본질은 단순히 과거를 족집게 점바치처럼 잘 맞추어내는 점술이 아니라, 자신의 인생설계도인 여덟 글자를 통해 자신이 누구인지를 냉철하게 알게 하여 과거는 물론 현재와 미래의 길흉을 유연하고 현명하게 대처하기 위한 인격수양에 바탕을 둔 학문이 바로 '명리학의 본질'이라는 것입니다.

고로 혹시나 잘 몰랐던 분들이나 오해를 하고 있었던 분들이 계시다면 그 어떤 곳에 가서 공부하거나 사주상담을 받더라도 숙명론만을 강요하고 인격수양적인 측면을 배제한 사주상담은 명리학이 아닌 그저 돈을 벌기 위한 하나의 상술에 불과한 것이니 참고하시길 바랍니다.

# 24.

## 조화(harmony)

원래 이 시리즈는 독백체를 쓰지 않고 경어를 주로 쓰고 있지만 오늘은 왠지 독백체를 쓰는 것이 어울릴 것 같아 그러한 것이니 양해를 구하는 바입니다.

*   *   *

얼마 전에 어느 유명학회 선생의 오픈 동영상 강의를 본 적이 있는데 물상대체에 대한 내용이었다. 내용인즉슨 유달리 여자들에게 인기가 많다보니 집안에서도 말이 많다는 이야기다.

술사가 되기 전까지는 왜 그런지 몰랐다고 하는데 아내의 명식을 보니 관성이 너무 미약한 상태에서 합거되는 상황이기 때문에 그러한 것인데 현업술사인 내가 보아도 회합형충의 관법으로 보아도 틀린 말은 아니었다.

예를 들어 아래와 같은 여명이라 할 수 있다.

|  | 日 |  |  |
|---|---|---|---|
| 천간 | 甲 | 乙 | 乙 |
| 지지 |  | 巳 | 巳 |
| 지장간 |  | 庚 | 庚 |

보시다시피 '사중경금巳中庚金' 편관이라는 남편성이 매우 미약한데 하나같이 일간과는 무정하게도 겁재인 다른 여명들에게 자신의 남편이 을경합으로 합거시켜 **빼앗기고** 있는 중이다.

이런 식으로 관성이 미약하고 타 간에 의해 계속해서 자신의 관성을 **빼앗기다** 보면 결국은 근묘화실의 시간 순서상 언젠가는 남편이 다이(die)할 가능성 또한 매우 농후하다.

일이 이렇다보니 팔자에서 이미 정해진 숙명의 패턴이니 유달리 여자가 많이 따른다는 것이다. 그래서 결국은 자책감에서 벗어났다고 한다. 왜냐면 이미 숙명적으로 정해져 있는 것이니 어쩔 수 없는 일이라는 것이다.

여기에서 사람의 인생이 숙명인가? 그렇지 않으면 바꿀 수 있는 것인가? 아니면 아예 운명이라는 것은 없는 것인가? 라는 여러 가지 의문은 명리학에 조예가 있는 사람이라면 당연히 누구나 고찰해 보았을 것이다.

바로 이런 문제 때문에 나 역시 원래는 숙명론자에 가까워서 작년에는 강의 현장에서 공개추론 또는 상담에서 개운은 거의 의미가 없으며 모든 것이 다 정해져 있다, 라는 입장이었다.

그러나 아무리 생각해보아도 모든 것이 다 정해져 있지 않은 것 같아 결국은 상담을 지금 그만두고 카운슬링 공부법에 더 열중하고 있는 입장이다.

만약 숙명론이라고 한다면 자신의 모든 행위를 합리화시킬 뿐만 아니라 타인에게 민폐를 끼치고도 안하무인이 될 가능성이 농후하기 때문이다.

그런데 위의 명식처럼 저런 식이라면 저건 그냥 이혼하고 산속으로 들어가 비구니가 되지 않는 이상 정말 남편 때문에 괴로울 것이 뻔하기 때문에 남자에게 여자가 많이 따르는 것이 사회의 도덕적으로는 문제가 되고 본인에게는 상처가 될지 모르나 관성이 피상 당하지 않으려면 저만한 물상대체 개운법도 없기 때문에 개인의 안위를 위해서는 꼭 나쁘다고 말하기도 거시기하다.

하지만 앞서 이야기했듯이 너무 숙명론으로 기울게 되면 하나 같이 자기 합리화를 시키려는 경우도 왕왕 할 것이니 지금은 명리라는 것이 숙명인지 아니면 바꿀 수 있는 것인지에 대한 나의 입장은 다시 유보된 상태다.


아무튼 저 학회와는 달리 또 다른 유명한 한 학회는 수양을 통해 절대적인 도덕을 따르자는 입장인데 근본적으로는 후자의 학회가 추구하는 방향이 맞을 것이나 세상 모든 사람들이 성인군자가 될 수는 없는 일이고 카르마(업)의 깊이가 다른 것인데 자칫하면 선민사상처럼 이 역시 한 쪽으로 치우치기는 마찬가지일 것이다.

그렇기에 지금 내가 추구하는 명학가의 스타일은 어떤 것은 물상대체나 기타 개운으로 가능하다고 보고 어떤 것은 그야말로 카르마(업)라고 할 수밖에 없는 절대적인 요소에 의해 그렇게 될 수밖에 없다고 보는 것이다.

예를 들어 제일 흔한 것이 부부관계라는 것인데 부부는 등 돌리면 남이 되지만 한편으로는 혈연과 같이 절대적으로 정해져 있어 만날 수밖에 없는 것이다(악연이든 선연이든). 이것은 사람이 이 세상에 온 목적 중 하나인 일음과 일양의 합덕시생이므로 음양의 법칙상 당연한 일이라 하겠다.

다만 배우자의 사별 또는 이별이 없이 해로하는 관계는 극소수에 가깝고 나머지는 사실 평균 수명 100살을 기준으로 보자면 그렇지 않은 사람들이 더 많은 것은 확률적으로 당연한 것이다.

나의 이러한 연구는 앞뒤 꽉 막힌 인사들이 보면 무조건 죄악이라고 할지 모를 일이지만 자신이 외눈박이라고 해서 반드시 남 역시 외눈박이가 되어야 한다고 강요하는 것은 스스로 우물 안의 개구리로 한정 짓는 꼴이니 공부하는 자는 항상 오픈 마인드를 지향하는 것이 바람직할 것이다.

그리고 이에 반해 개인적인 습관이나 말투나 정신적인 세계관 등은 질質적인 개념보다는 형이상학적인 세계라 자신이 노력한다면 팔자에서 정해져 있는 범위보다는 좀 더 유용하게 변화가 가능할 것이다.

끝으로 모든 것은 음양이고 선악이지만 선도 악이 있으니 선이라고 하는 것이며 모든 것은 중中의 관점에서 현명하게 살펴야 하는 것이니 함부로 누가 누구 보고 선인 또는 악인이라고 극단적으로 정의하는 것도 고려되어야 할 논점이다.

이것이 바로 내가 다시 컴백할 때까지 남겨진 숙제가 될 것이며 연구과제가 될 것이다.

# 25.

..............................................................................................

## 숙명과 합리화의
## 줄다리기

어떤 분을 2010년도에 어느 강의 현장에서 만나 알게 되었는데 여자도 아니고 남자분이 계속해서 저를 쫓아 제 옆 자리에만 앉으려 해서 처음에는 별 뜻 없이 그냥 우연인가보다 생각했는데 나중에 물어보니 일부러 제 옆에 앉았다고 합니다.

당황했지만 나보다도 10살 이상 나이 차이가 나는 남자분이 무슨 일로 그럴까? 궁금했었는데 다름이 아니라 제가 명리학을 공부하는 사람이라는 것을 알고는 자신도 명학에 관심이 많다보니 그렇게 되었다고 합니다.

물론 공통 관심분야인 사람을 우연히 다른 장소에서 만나면 반가운 것은 사실이나 이 분은 그다지 느낌이 좋지는 않았습니다. 그렇지만 이후 어떻게 하다 보니 인연을 맺게 되었고 당시 한창 소속되어 있는 학회에서 공부하고 있는 무렵 자신의 사주를 봐달라고 조르는 것도 있고 실력을 몇 번이나 테스트하려는 것이 불쾌한 면도 있어서(일단은 명리는 적중률이 중요하므로) 거절할 생각이었지만 술을 한 잔 사주는 바람에 얼떨결에 봐주었는데 신약하기 짝이 없는 갑목 일간이었습니다.

사주를 열어보니 뿌리가 없는 재다신약에 천간의 구조는 식상생재를 하고 있었고, 지지의 형충회합은 물론 천간의 유인력 등등 아주 정신이 없더군요. 재미있는 사실은 그래도 집안에 돈이 없지는 않고 자신의 환경은 갖추어진 명命이었습니다.

그러나 워낙 의지가 약하고 주체성이 없다보니 한방에 뜨고 싶고 그런 심리로 가득한데 뼈를 깎는 노력이 없다면 원판(원국)을 뛰어넘기가 힘든 명식이었습니다.

그래서 괜히 쓸데없는 희망을 주느니 솔직하게 부잣집 가난한 도령 같은 스타일이라고 하니 정확하게 맞추었다고 합니다. 그리고는 아버지에 의해서 발목이 붙잡힌 형상이기 때문에 하루 빨리 독립을 하라고 조언을 드렸지만 지금은 어떻게 하고 있나 모르겠습니다. 말은 다 맞추었다고 좋아하면서도 결국 숙명의 굴레인지 알려주는 조언대로 실천하는 사람을 본 적이 없기 때문입니다.

아무튼 그런 식으로 힘들 때마다 사주도 봐주고 말동무도 해주고 그렇게 했지만 워낙 첫인상이 좋지 않고 부담이 가는 스타일이라 그러려니 하는데 끝까지 사람을 우롱하는 것이 못마땅해서 지금은 거의 연락을 안 하고 사는 편입니다.

무엇보다 신약이든 신강이든 화법에 해당하는 식상이라는 성분이 대인관계나 처세에 있어서 중요한 법인데 여성이라면 차라리 귀여운 맛이라도 있어서 넘어갈 수 있으나 신약한 남명이 상관을 사용하는 명식이다 보니 말하는 족족 다 어그러짐이고 상대방을 배려하는 말은 전혀 없고 오직 허황된 말로 자기 자신을 포장하려하고 가식으로 대하니 그 누가 좋아하겠는지요?

더구나 아무리 외모로 사람을 판단하면 안 된다고 하지만 항상 인상을 쓰고 다니면서 말을 삐딱하게 하는데 수회 언어의 도道가 지나친 감이 있어서 몇 번 조언 및 주의를 주었음에도 결국 한다는 말이 원래 팔자에 정해져 있는 건데 네가 이해를 해야지 내가 왜 고쳐야 되느냐는 식으로 자신을 자꾸만 합리화시키고 남 탓을 하니 더 이상의 말동무니 뭐니 하는 인연의 의미가 없기 때문에 지금은 거리를 두고 있는 상태입니다.

저라는 사람은 미소 지을 때가 가장 편하고 그리고 화를 낼 때가 아주 애정이 있는 상태입니다. 그러나 이것도 저것도 없는 고요한 침묵의 상태라면 더 이상은 관심도 애정도 아무것도 없는 포기의 상태입니다. 상담가로서 저에게 상담을 받았거나 조언을 받은 분이라면 의뢰인의 명식을 통해 바르게 살게 해주기 위해 하는 말이니(쓰든 달든) 양해를 구하는 바입니다.

# 26.

## 이치에 지극하다

아. 간만에 오월 무토에 비가 내리시니 왠지 안도의 한숨이 쉬어지는군요. 올해는 이미 제가 예단했듯이 인간사에는 각종 시비가 있고 천기 또한 순조롭지 못하고 기상이변이 많이 일어날 것이라고 했는데 역시나 인간사나 날씨나 그렇게 돌아가고 있는 중입니다. (궁금하신 분들은 검색을 권유합니다.)

이런 국운이나 한 해의 천기 흐름을 어떻게 알 수 있을까 궁금해 하시는 분들이 많은데 쉽다면 쉽고 어렵다면 어려운 부분입니다. 그런데 처음부터 명리 공부하면서 다른 쪽의 술법을 공부하는 것은 비추하는 바입니다. 왜냐면 성급한 마음이 오히려 용두사미처럼 어느 것 하나 제대로 성취할 수 없기 때문입니다.

특히나 극신강하거나 극신약하거나 하는 분들은 너무 한쪽으로 치우치려 하는 경우가 많기 때문에 이것이 기회라고 판단이 되거나 혹은 이 사람이 귀인으로써 인연이 맞다고 생각하면 너무 복잡하게 이것저것을 재거나 할 필요 없이 일단은 겸손한 마음으로 기회나 귀인을 잡으면 되는 것입니다.

그리고 애초에 느낌이 좋지 못한 현상이나 사람에 대해서는 너무 기대하는 것을 버리면 되는 것이고요. 이렇게 명리학 공부는 사실 심리를 바탕으로 하고 단식 판단으로 쉽게, 쉽게 체계적으로 기본기를 쌓아 나가야지 다른 사람의 화려한 통변 실력에 주눅이 들거나 환상을 좇으려 한다면 금방 지치기 마련입니다.

아무튼 기본적인 명리공부는 위와 같으며 명리학을 어느 정도 통변법까지 장착하려면 두 가지가 중요합니다.

하나는 이론 공부를 끝낸 뒤 임상을 해야 하는 것이고 하나는 이치에 지극해야 한다는 것입니다. 이 둘 중 어느 것 하나 소중하지 않은 공부는 없지만 굳이 저보고 하나만 일단 선택해 보라고 누군가 물어보면 저는 후자 쪽인 이치를 일단은 메인으로 삼고 공부를 하는 편입니다.

즉 임상을 통해서 이론에 부합한지 그렇지 않은지를 검증하고 데이터화시키는 것도 중요하지만 무조건 맨땅에 헤딩하는 식으로 임상만 계속하려는 것보다는 자연을 관찰하고 섭리를 알게 되면 어느새 작용하는 이치를 알게 된다는 것이 바로 명리학의 깨달음이라고 저는 나름 명명하고 있는 편입니다.

그렇다면 '이치는 무엇인가?'를 먼저 궁구해 보아야 하는데 쉽게 생각해서 음양이 있다면 낮과 밤일 것입니다. 그리고 낮은 덥고 밤은 서늘한 편이 되는 것인데 이런 식으로 음양부터 시작해서 하나씩 확장을 해나가다 보면 굳이 임상을 하지 않아도 이 이치를 가지고 어떤 사람의 명식을 보고 이 사람의 현재 상태가 어떤지를 알게 되는 것입니다.

예를 들어 이런 적이 있습니다. 예전에 처음 형충회합을 공부하고 난 뒤 어떤 지인이 무료로 사주 간명을 해달라고 해서 해주었는데 법적인 송사 문제였던 것입니다. 그것도 당장 몇 주 안에 재판 결과가 나오는 다급한 시점이기도 하고 한 번도 법적 송사는 간명해 본 적이 없어서 처음에는 거절했지만 틀려도 좋으니 봐달라고 해서 간명을 해주었답니다.

상식적으로는 법적인 문제니 인성(문서, 도장)이 동해서 뭔가 결판이 날 거라고 생각했지만 무엇보다 관성(사회적인 정체성)을 깨끗하게 얻게 된다는 점에서 승소할거라 알려준 적이 있습니다. 결국은 몇 주 후 승소했다고 해서 밥 한 끼를 얻어먹은 적이 있습니다.


이것이 제가 한 번도 임상해보지 않은 이치만 가지고 승소를 예측한 것이니 반드시 임상만 많이 한다고 해서 되는 것도 아니고 우선은 사람의 의식이 항상 깨어 있어야 한다는 것을 말해주고 싶었던 겁니다.

그러니 동호인들이나 학습자들께서도 무턱대고 누가 이렇다고 해서 곧이곧대로 그 관법이 맞다고 철석같이 믿지 마시고 임상을 해보고 또한 그 관법의 이치에 대해서도 궁구해보는 자세를 가지는 것이 명리를 하루라도 빨리 득할 수 있는 길임을 잊지 마셨으면 합니다.


끝으로 성현의 말씀에 귀신도 이치에 지극하다고 했으니 온고이지신의 교훈은 세월이 흘러도 변함이 없다고 해도 과언은 아닐 것입니다.

# 27.

## 결혼 적령기

이틀 연속으로 날씨가 흐린 게 마음이 편할 줄 알았는데 악몽을 꾸고 말았습니다. 무슨 일인지 모르지만 담배 연기가 자욱하고 목이 따가웠고 혹시나 싶어 손에 냄새를 맡아보니 담배 냄새가 배어 있었습니다.

참고로 저는 담배를 끊은 지 약 7년 정도 된 사람입니다. 그러니까 담배를 평소에 피우지 않는데 해괴한 꿈을 꾸었고 연기가 몸에 배어 있는 기분이라고 할까요.

그리고는 마음이 갑자기 너무 답답하고 어떻게 해야 될지 모르는 안절부절 등, 평소 제 성격과는 전혀 상반된 마치 다른 사람의 성격이 드러나는 묘한 상황이 잠깐 지나고 지금은 커피 한 잔과 함께 차분하게 글을 쓰고 있는 중입니다.

그나저나 이 시리즈가 벌써 27번째이니 감회가 새롭습니다. 처음에는 이렇게까지 길게 연재할 줄 몰랐는데 독자들을 위해서도 저를 위해서도 다행이라는 생각이 듭니다. 왜냐면 앞전에도 말했듯이 저라는 사람은 정말 아니다 싶으면 어느 날 아무도 모르게 사라져 버리기 때문입니다. 그러니 혹시나 글을 읽는 분들께서는 비현이라는 인간이 어느 날 모든 연락이 끊긴 채 사라지면 모든 걸 포기하고 떠났다고 생각하면 되겠습니다.

이런 행동을 하는 이유가 거창한 것은 아니고 저의 태생 자체가 이것은 타고난 것이라 좋은 일이든 나쁜 일이든 정점에 다다르면 거기에서 정리를 하는 것이 저라는 사람이 이 세상에 와서 해야 할 책무이기 때문입니다.

글이 많이 삼천포로 빠졌는데 요즘 삼포세대 등 젊은이들이 취업도, 결혼도 못해서 말이 많은 시대입니다. 그런 연유로 오늘은 결혼 적령기에 대해서 한 꼭지 올리고자 합니다. 명리에서 이야기하는 혼인 적령기는 보통 20대에서 40대까지를 말합니다. 그리고 명식에서 아래와 같이 정기나 지장간으로 분포가 되어 있어야 가능한 경우입니다.

| | | 日 | | 乾命. |
|---|---|---|---|---|
| | | 戊 | | |
| 辰 | 辰 | | 亥 | 子 |

쉽게 이야기해서 남명은 '재성財星'이라는 성분이 지지에 정기나 지장간으로 갖추어졌을 때를 말하며 여명은 '관성官星'이라는 성분이 지지에 정기나 지장간으로 갖추어져 있을 때를 말합니다.

그렇다면 생각해 볼 문제는 앞서 저는 분명 명리에서의 적령기라고 하였으니 저렇게 지장간으로 네 군데 모두 재성을 가지고 있는 경우는 언제 결혼하는지 의문이 들 수가 있습니다. 이것은 일단 근묘화실론을 알아야 가능한 것인데 우선은 저런 경우는 언제 가더라도 상관없습니다. 왜냐면 재성이 과하므로 만날 여자는 넘치기 때문에 언제 가도 상관이 없다는 것입니다.

그 다음은 저 많은 재성 중 어느 것이 아버지인지 여친인지 배우자인지를 가리는 것입니다.

이것은 실제 명식을 많이 풀어봐야 아니 생략하고 결론적으로 궁성론으로 보자면 배우자성을 대표하는 궁성은 남녀불문 일지一支가 됩니다. 고로 저 경우는 무진 일주이니 배우자의 자리에 자기와 같은 비견 진토辰土가 있으니 아내의 성향은 친구 같은 사람이 됩니다. (나이 차이를 보는 것은 일단 이 장에서 생략합니다.)

그리고 한 가지 더 팁이 있는데 이번에는 여명입니다.

| | 日 | | 坤命. |
|---|---|---|---|
| | 甲 | | |
| 酉 | 辰 | 亥 | 酉 |

이런 명식이 있다면 이분은 정관이 연주 시점에 있기 때문에 비교적 젊은 20대 시절에 결혼할 가능성이 높습니다. 왜냐면 사계(근묘화실)의 시간 순서상 배우자성이 연지에 있기 때문입니다. 유금酉金은 갑목 일간에게 있어서 정관이니 자상한 남편이자 한편으로는 보수적인 성향의 재미없는 갑갑한 남자라고 통변하면 되겠습니다.

그리고 역시나 일지가 여명에게도 배우자궁이니 중요한데 만약 일지에 관성이 없거나 지장간으로도 금기(관성)가 없다면 일단은 배우자 점수를 좋게 주기는 힘들어집니다. 왜냐면 육신은 각자 살고 있는 원래의 집(궁성)이라는 것이 있는데 배우자의 집에 배우자가 지장간이라도 아예 없다는 것은 그만큼 배우자의 인연이 박하다는 뜻이 됩니다.

위의 명식은 오히려 관성이 유酉 두 개로 관성 자체가 과한 편인데 이 경우는 여러 가지 통변이 가능한데 일단은 본인은 과하기 때문에 이성이나 배우자에 대해 부담스럽게 느끼는 것이고 남들이 보기에는 반대로 남자복 많다면서 부러움과 함께 시샘을 살 수가 있습니다. 고로 과한 경우도 높은 점수를 주기가 힘들다는 것이고, 다만 이 경우는 일간 자체가 뿌리가 튼튼하므로 관성을 감당할 수 있게 됩니다. 물론 서로 힘의 균형적인 차원에서 팽팽하므로 긴장감은 가지고 살아야겠지만.

그리고 여기서 바로 진짜 팁이라는 것은 일지에 배우자가 없는 타입은 차라리 시지에 관성이 있으면 그나마 괜찮은 남자를 만날 수 있다고 해석이 가능합니다.

왜냐면 시지는 자신의 자식궁에 해당하므로 배우자라는 성분은 결국 자식과 밀접한 관련이 있기 때문입니다. 또한 연지나 시지 모두 정관이나 두 관성 중 자신과 유정한 관계는 둘 다 정관이니 유정합니다. 그러나 유정有情, 무정無情이라는 용어는 경우에 따라서는 무정이 되는데 이 경우는 아무리 둘 다 정관이라고 할지라도 연지의 유금 정관은 무정하며 시지의 유금 정관과 유정한 관계가 됩니다.

즉 만약 위 명식의 여성분이 이혼을 하거나 늦게 결혼하는 명이라면 연지의 남자보다는 시지의 남자가 그나마 자신과는 유정한 관계가 되는 것입니다.

정리를 해보면 남명은 재성이 배우자가 되고 여명은 관성으로 배우자성의 위치가 연월일시 중 어느 곳에 위치하느냐에 따라 혼인 시기로 추산이 되고 좋은 위치 1번은 일지日支고 2번은 시지時支라는 점입니다.

또한 일반적으로 생물학적인 나이대를 고려해서 길게 잡아서 40대 초반까지도 혼인을 못하거나 아니면 시지에도 전혀 배우자성이 없다면 그야말로 요즘 말로 골드 미스나 노총각 신세 면하기가 어려울 수도 있습니다.

뿐만 아니라 젊은 시절 기회가 있었는데도 집안의 반대 또는 여러 가지 부득이한 상황으로 혼기를 놓치는 사람들도 있는데 이것은 이 지면에서 다 논하기에는 방대하므로 생략하도록 하겠습니다.

끝으로 결혼 적령기라는 글을 쓰다 보니 제가 수강생들에게 누누이 이야기한 대목이 생각이 납니다. 제가 생각하는 행복하다는 기준은 크게 두 가지로 분류하고 있습니다.

하나는 자신이 하고 싶은 일을 하면서 사는 사람이고 두 번째는 자신의 소울 메이트를 만나 해로하는 것입니다. 근데 해로하는 사람들은 요즘 세상에 극히 드물고 잠시라도 좋은 짝을 만나 함께할 수 있다면 그것만으로도 이 사람들은 복 받았다고 봐도 무방할 것 같습니다.

특히 자신의 짝이라는 것은 인간은 누구나 처음 남(양), 여(음) 개별의 성을 가지고 이 세상에 왔으므로 이것은 음양의 법칙에 의해서 결국은 인간으로 태어난 목적 중 하나에도 해당하므로 어떻게 보면 당연한 섭리가 아닌가 합니다.

# 28.

## 문장의 색채

은퇴하기 전에 간만에 여기저기 학회나 열린 카페 같은 곳들을 돌아다니다 보니 최근에 술업을 시작하는 술사 또는 학인들이 눈에 보이는데 어느 정도 간명 실력은 있는지 모르나 너무 얄팍하다는 생각이 듭니다.

저는 개인적으로 즉석에서 모르는 사주를 올려 공개추론을 할 실력이 아니라면 중수 이상의 실력자라고 인정하지 않습니다. 왜냐면 자신이 공부한 학술과 관법을 증명하는 것은 오직 명리에서는 적중률만이 실력을 대변하기 때문입니다.

그럼에도 불구하고 초보 술객 또는 입문자들은 열린 카페에 회원 수가 엄청 많다거나 국내 무슨 대학의 학벌, 유학을 다녀왔다고 해서 명리의 고수라고 생각하는 경향이 있습니다.

물론 저도 처음에는 그런 보이는 외양만을 보고 쫓던 시절이 있었기에 충분히 이해할 수 있습니다만 어느 구성학 술사의 말대로 무엇을 배우든 직접 실력을 보고 해도 늦지는 않을 것인데 너무 서두르는 감이 없지 않아 있어 거시기한 면이 있습니다.

그리고 일부 최근에 술업을 오픈한 분들 중에서는 명리학으로 업을 삼으려면 한자나 기타 명리의 고전들을 많이 알고 있어야 하고 그것을 간명할 때나 강의할 때 꼭 사용해야 한다고 강조를 하는데 명리학은 사실 천간, 지지 22글자(한자)만 알면 되지 꼭 거창한 무슨 상관패인이니 삼기격이니 조후불급 등등 어쩌고 저쩌고를 논하는 학문이 아닙니다.

말 그대로 명(삶)의 이치를 다루는 학문이 명리학이란 것인데 저 역시 이런 주입식 암기교육의 폐단을 당하면서 자란 세대라 어느 정도 이해는 하고 있습니다만 동양학이란 것이 한자권 문화에서 태동했으니 당연한 것이지만 그 속에서도 한학은 한학, 명리는 명리, 불도는 불도, 유학은 유학 등등입니다.

즉 같은 한자를 쓴다고 해서 무조건 한자에 해박하고 고전에 해박하고 그럴 필요까지는 없습니다. 물론 이론이나 한자를 겸한다면 그야말로 이론과 실전술, 두 마리의 토끼를 다 잡은 셈이니 대단하다고 할 수 있습니다만 명리학은 자연의 원리를 인간에게 대입시켜 인생을 예측하는 학문인데 주객이 전도되는 것은 삼가야 할 것입니다.


또한 의뢰인이 명리의 기본이나 교양지식을 알고 있다면 통변 시 적절히 명리의 용어나 한자를 사용해도 괜찮겠습니다만 대부분은 문외한들이며 그저 자신의 명운이 궁금해서 상담을 받거나 수업에 들어오는 것이지 한자 공부나 엉뚱한 이야기를 듣자고 귀한 시간과 돈을 투자해서 오는 것이 아니니 어떤 사물이나 현상을 접하더라도 본질에 대한 엉뚱한 자기해석을 가하면 곤란한 것입니다.

# 29.

## 여자가 있으면
## 공부가 안 된다?

갑자기 찾아온 무더위(기상이변) 때문인지 먹구름이 잔뜩 끼었지만 날씨는 시원하니 개인적으로는 반갑네요. 요즘 이것저것 공부할 게 많다보니 문득 드는 속설 같은 것이 하나 떠올라 오늘의 시리즈는 제목과 같은 주제로 다루어 볼까 합니다.

부모님들이나 사람들은 뭔가 공부를 한다거나 목표가 있다고 하면 흔히들 여자와 남자를 만나면 한눈이 팔려서 공부가 잘되지 않기 때문에 일종의 금욕주의를 은근히 강요하는 편이 많습니다만 이것도 잘못 알고 있는 정보이자 편견이 아닐까 싶습니다.

저는 음양학을 공부하는 사람이니 단순하게 생각해봐도 반쪽이 있으면 오히려 뭔가 잘 되어야지 공부가 안 된다는 것은 정신적으로 통하는 것은 없고 본능에 충실한 성호르몬에만 이끌리는 사람들을 보고 하는 말이 아닐까 싶습니다.

제 입장에서는 그것도 사람마다 다른 것이지 누구나 획일적으로 그런 말을 적용할 수는 없는 것입니다. 예를 들어 저 같이 재성이 용신이지만 원국에서 미약한 타입들은 여친이 있으면 오히려 사주의 중화가 잡혀지

고 과한 화기가 어느 정도 조후적인 면에서도 다스려지니 결코 나쁘다고
할 수 없습니다.

이것을 모르고 우리 어머니는 어릴 적부터 항상 여자 조심해라, 공부할
때는 절대 여자 만나면 안 된다고 그렇게 잔소리를 했는데 막상 철학관 같
은 곳을 가서 제 사주를 들이밀면 하나 같이 하는 말이 다음과 같습니다.

> 술사왈: 이 애는 오히려 여자가 있는 것이 훨씬 더 인생에 도움이
>        되고 공부도 잘되는 타입입니다.
> 마덜왈: 예? 무슨 그런 말이 다 있나요?
> 술사왈: 그건 이 아이는 그런 명이기 때문에 어쩔 수가 없습니다.
>        물론 너무 이상한 여자 만나고 그러면 안 되겠지만 여친
>        을 만들고 여자들을 자주 만나고 그런 것에 대해서 너무
>        간섭하거나 잔소리하는 것은 오히려 이 아이의 인생에 있
>        어서는 별로 좋지는 않으니 그냥 내버려 두십시오.
> 마덜왈: ……

이런 시추에이션이 대부분이었다고 합니다. 제가 고향이 부산인데 아
시는 분들은 알겠지만 부산은 실력이 뛰어난 역술인들이나 은둔한 고수
들이 많은 곳입니다. 다만 지금은 부산시의 경제 상황이 좋지 않아 활력
소가 떨어집니다만 어느 정도 수준이면 어머니가 운영하시는 가게에 한
번은 도배 작업하시는 분이 취미로 철학공부를 했음에도 제 생일을 넣고

한다는 이야기가 당시 기축년에 외국에 나갈 것을 예단했고, 예술 쪽에도 소질이 있지만 궁극적으로 학문하는 선생이 될 거라고 했다는 정도이니 개인적으로 생각해도 실력자라 할 만합니다.

더구나 상담료 한 푼도 받지 않고 봐주었으니 무료 사주간명을 해주는 아마추어인데도 저 정도 실력이면 두말하면 잔소리라 할 만합니다.

그럼 오늘의 이야기는 명리를 공부한다는 것은 자기 자신을 알아가는 것이고 그리고 자기 자신을 알면 다른 이의 삶도 이해하려는 안목이 갖추어진다는 것입니다. 즉 역지사지의 마음이 생기기 때문에 함부로 선악이나 시비를 가릴 필요가 없으니 마음이 편안하다는 겁니다.

또한 자신의 인생에서 언제 이 비가 그칠 것을 대강이라도 알게 된다면 당장은 차가운 비를 맞고 있어서 춥고 외롭지만 마음은 따뜻한 희망을 가질 수가 있을 겁니다.

# 30.

## 유료상담을
## 중단한 이유

요즘 은퇴선언을 한 뒤 유명한 인터넷 사주카페나 다른 역학 커뮤니티를 돌면서(일종의 무림에서 이야기하는 간판떼기?! 농담입니다.) 저의 관법이 담긴 공개추론회 동영상을 방출하고 있습니다.

저의 선생 되시는 분께 예전에 배우기를, 물이 한 곳에 고이면 썩듯이 학문 또한 매한가지니 많이 베풀면서 살라고 하셨기에 처음에는 거금을 들여 공부했는데 공짜로 마구 퍼줄 수가 없다는 생각이 들어 프로로 활동하면서 나름 폐쇄적인 활동을 하였습니다. 하지만 이제는 정규 오프라인 강의와 유료상담을 그만두는 시점이니 마지막으로 베풀고자 각 역학 사이트마다 관법을 방출하게 되었습니다.

이렇게 하다 보니 역시나 우려했던 대로 쪽지로 무수하게 사주상담을 해달라고 요청이 들어오고 있는 중입니다. 그런데 앞서 몇 개월 전부터 저는 유료상담은 이제 더 이상 하지 않겠다고 천명한 상태입니다. 거기다 올해 마지막 초중급 강의 역시 더 이상 참석자들의 즉석 사주풀이식 강의는 없을 거라고 했습니다만 이 공부 하시는 분들이 대부분 당장 급한 경우가 많아서인지 측은한 마음이 들어 결국은 오프 수업에 참석하시는 분들의 사주도 모두 공부한다는 마음으로 같이 분석해보았습니다.

아무튼 완전 은퇴도 아니고 임시 은퇴인데 오프 수업 중단은 당연히 회사일이 바쁘니 이해가 가지만 굳이 상담까지 그만둘 필요가 있냐는 질문이 많았습니다. 돈이 문제가 아니라 우선 작년 1월에 프로로 마이너 데뷔하고 나서 상담을 해주면서 느낀 감정은 이런 것이었습니다. 아무리 실력이 있어서 과거와 현재 상황을 잘 맞추어도 뭔가 개운치가 않았습니다.

즉 제가 명리학을 공부하게 된 계기 중 하나는 원래 음악을 하는 사람인지라 사람들에게 꿈과 희망을 줄 수 있다는 점이 일맥상통한 점이 있어서 시작하게 된 것이었습니다만, 막상 간명을 해보면 숙명의 패턴에서 벗어나는 사람을 한 사람도 본 적이 없었으며 반면 나름 개운법이라고 제시하는 것을 제 말을 듣고 실천하는 분들도 단 한 명도 없었기 때문에 스스로 간명 실력은 있을지 모르나 카운슬링 공부법에 대해서는 아직 많이 미숙하다는 생각이 들었습니다.

물론 처음부터 모든 것을 잘하는 사람이 없고 계속 상담을 하다보면 차차 노하우가 쌓여 좋아지겠지만 문제는 올해부터는 제 대운이 사회적인 정체성을 가지며, 새로운 분야의 재주와 기술을 익히는 방향으로 전환되면서부터 대면상담을 할 수 있는 여건이 조성되지 않는 것이고 또한 아무리 경험을 통해 익혀 간다고 하여도 스스로 카운슬링 쪽의 공부가 되어있지 않고 남의 귀한 인생을 상담해준다는 것이 영 마뜩치 않아 상담을 그만두게 된 것입니다.

즉 제가 하고 싶은 상담은 무조건 족집게처럼 집어내는 것이 아니라 의뢰인 스스로 자신의 인생(팔자)을 이해하고 아무리 정해진 패턴이 있다고 할지라도 노력하면서 살 수 있는 진취적인 사람이 되었으면 하는 바람이 있습니다.

여기서 +@는 과연 인생에 있어서 숙명이 지배하는 것과 개인이 선택할 수 있는 자유의지가 어느 정도로 이루어지는지에 대한 학문적인 의문도 품고 있습니다. 이것은 현재 제가 완성하려는 동일사주의 문제를 뛰어넘는 관법을 완성하면 충분히 알 수 있는 문제인데 이렇게 동일사주의 문제까지도 뛰어넘는 관법이라는 것은 거의 신의 영역을 건드리는, 어찌 보면 위험할 수도 있는 것인데 성격상 70% 이상의 완성도가 없다면 나 자신을 속이고 남도 속이는 것이 되는 연고로 열심히 사회생활하면서 개인 공부도 게을리 하지는 않을 생각입니다.

고로 유료상담을 그만둔 이유는 저렇고 조금 여유가 생기면 온라인 쪽으로는 제 카페가 공개되어 있어 계속 활동이 가능하니 유료가 아니라 새로운 관법을 시험해보는 무료상담도 계획 중에 있습니다. 물론 새로운 관법을 시험해본다는 것은 여러분이 마루타가 되는 것이지만 그 대신에 공짜라는 것이겠죠?! 거기다 적중률도 떨어질지 모르겠습니다. 이것이 바로 공짜가 안 좋은 것 중 한 이유가 되겠지요.

대운 이야기가 나왔으니 마저 하자면 저의 이번 10년 대운이 버겁고 힘들지 모르나 반은 길한 것이 사회적인 입지가 다져지는 계기가 되므로 의

외로 온라인상에서는 자주 저의 저술이나 글 또는 동영상 등을 접할 수 있을 것으로 예단됩니다.

　오늘 글은 상담요청 쪽지들을 보고 바로 느낀 감정을 표현한 글이라 횡설수설한 감이 없지 않아 있습니다만 제 입장을 잘 살펴 헤아려 주셨으면 하고 글을 남기게 되었습니다.

# 31.

## 격식格式

작년 초 프로에 입문하면서 지금까지는 사무실도 없이 이메일상담이나 패스트푸드점 또는 지인의 집이나 사무실 같은 곳에서 대면상담을 해주곤 했습니다. 작년에도 그랬지만 지금도 생각해보면 참 뭔가 기본이 갖추어지지 않은 찜찜한 기분이 듭니다.

왜냐면 저는 원래 서양의 합리주의 사상이나 실증철학 같은 것을 중요시하는 사람이었습니다. 스무 살 이전까지만 해도 집에서 제사를 지내는 전통이 있어도 여러 가지 동양학이나 주역, 사주, 관상 이런 것들을 하나의 천박한 미신이라고 생각했습니다.

뭐라고 할까요? 하나같이 무슨 신내림을 받아서 어떤 사람에게 무리한 금전 요구를 해서 집안이 오히려 망했다는 사람도 있고, 여성 같은 경우는 무슨 몸으로 때워야 한다면서 성추행 또는 준성폭행 같은 것을 시도하는 잡사들이나, 아무런 논리와 근거 없이 무슨 신살이 어쩌고저쩌고 떠들어대면서 자신이 구사하는 관법만이 맞다고 목에 핏대를 세우고 허황된 이야기를 하는 자들을 보면서 필시 이것은 학문이 아니라 그냥 전통 미신에 불과한 것이라 밝지 않고 매우 어둡고 퇴폐적이라 사회적으로 지탄 받는 것이 당연하다고 여길 정도였으니까요.

  그런 제가 외국까지 가서 그렇게 활로를 열어보려고 맨땅에 헤딩하는 심정으로 최선을 다해보았지만 뭔가 보이지 않는 법칙이 있다는 것을 알 수가 있었고 그것을 계기로 본격적으로 미신이라고 생각했던 명리공부에 박차를 가할 수 있었던 것입니다.

  또 삼천포로 빠지는 감이 있는데 작년에도 사실 반듯한 사무실을 얻어서 마이너가 아닌 메이저 라인으로, 그리고 메이저 프로술사가 되고자 하였는데, 그나마 직장 다니면서 모은 돈으로 생활비 쓰고 공부하는 곳에 투자를 하고 그러다 보니 사무실을 얻지는 못하고 대면상담도 식당이나 패스트푸드, 가가호호 방문 상담으로 할 수밖에 없었습니다. 이런 모양새가 나지 않는 제 자신을 돌아보며 사람이 너무 어떤 것을 부정해도 결국은 자기에게 그것이 부메랑처럼 되돌아온다고 하더니 결국은 제가 그랬던 것이 아닌가 싶었는데 그래도 그럭저럭 품위(?)를 지키면서 잘해 오기는 했었습니다.

  왜냐면 일단은 그렇게도 싫어하던 말도 안 되게 금전을 요구하거나 뭔가 다른 상납을 요구하거나 그런 것들은 없었기 때문입니다. 그리고 생각을 해보면 장소라는 것은 별로 상관은 없을 것입니다. 예전에는 표주라고 해서 공부를 한 수도인들이 봉사차원과 하나의 수행차원으로 마을마다 돌아다니며 밥과 옷을 얻는 등을 대신해 사주도 봐주는 그런 문화도 있었습니다.

그렇지만 우리가 살아가고 있는 현대, 그것도 한국 사회에서는 아직도 과거처럼 거리나 기타 포장마차 등등 뭔가 구색이 갖추어지지 않은 환경에서 상담업을 하면 싸구려 점쟁이에 지나지 않는 것은 분명한 사실입니다.

이에 대해 저만의 너무 격한 생각인지 궁금해 수강생들에게 물어보면, 나쁜 것은 아니지만 저 사람들이 과연 제대로 배워서 사주 상담하는 사람들이 맞는지는 의문이 간다고 합니다.

조금씩 이견이 있겠지만 대체적으로는 사주학을 신뢰하는 분들도 아직까지는 비제도권의 학문이고 그것도 아무런 베이스도 갖추어지지 않은 채 업을 한다고 하면 뭔가 꺼림칙하다는 것입니다.

일이 이러하니 사생활이라는 것과 자신의 업을 통해 세상의 평가라는 것이 공과 사로 엄연히 다른 것이니 격식에 대해 진지하게 생각해보지 않을 수 없는 노릇이긴 합니다.

여기서 잠깐 제 명식을 보자면 저는 근본적으로 무진일주 관대지의 운성을 타고난 사람입니다. 그리고 학회의 회원들이나 진짜로 제자가 될 사람들은 12운성으로 보면 건록에 해당합니다. 거의 한끝 차이인데 건록은 사회적인 위치가 중산층 이상, 또는 마인드가 그 정도는 되는 사람들을 의미하는 것입니다.

일이 이러하니 저 역시 건록의 바로 밑에 해당하는 단계이니 이 두 단계는 12운법의 사회적인 위치상 무슨 일을 하든 그 분야에서는 이 정도 위치에 가게 된다는 의미이기도 합니다.

자세히 설명하려니 고급법수에 해당해 지면으로 설명이 어렵지만 한마디로 태생 자체가 어느 정도 사회적으로 격식을 갖추기를 원하다보니 제 입장에서는 당연하다고 볼 수 있겠습니다.

오늘따라 무더위를 먹어서 그런지 횡설수설한 감이 없지 않아 있는데 이야기하고자 하는 것은 무슨 일을 하더라도 음지가 아닌 양지를 목표로 다들 달려 나가고 성공했으면 하는 것입니다. 양이 음이 되고 음이 양이 되는 것이 시간이 걸려서 그렇지 결국은 모든 것이 매한가지입니다. 중中으로 갈무리 하면 되겠습니다.

**무진戊辰 황룡으로서 가시밭길이라도 반드시 수水를 구해야**
**비로소 승천하리라.**

# 32.

## 격국론格局論과
## 이도관법

오늘 어느 회원님께서 격국론의 내격, 외격, 잡격에 대해서 질문을 주셔서 간략하게나마 격국론과 제가 추구하는 관법에 대한 설명을 드려야 학습에 오해나 불편함이 없을 것 같아 이야기하려 합니다.

격국론이라고 하면 흔히 이야기해서 과거 청대의 재상이라는 벼슬을 지낸 '심효첨'이라는 분께서 『자평진전』이라는 고전을 쓰면서 월지를 기준으로 그 사람의 사회적인 그레이드나 평생 추구하는 인생의 방향이 무엇인지에 관한 것을 알아보는 관법이라고 보면 되겠습니다.

여기에서 주의해야 할 것은 심 선생은 벼슬을 한 분으로서 대부분이 본인과 같은 직업, 즉 관직에 있던 사람이거나 아니면 당시에는 직업이 몇 가지 없었기 때문에 이 격국이라는 관법이 완전한 것이 아니라는 것입니다.

일이 이러하기에 당연히 현대처럼 복잡다단한 사회에서 과거의 관법만 가지고서는 실제적인 추론이 모두 다 가능하지는 않습니다. 이런 이유로 저는 '격국론'이라는 관법을 제 나름의 기준으로 연구, 응용해서 쓰는 사람이고 이 격국론 하나 가지고만 사주 간명을 절대 하지 않습니다.

그럼에도 불구하고 오늘 문의 주신 회원님뿐만 아니라 학습자들은 조금 공부하다보면 인터넷 검색으로 여기저기서 격국과 용신이라는 말을 쉽게 접할 수 있어서 수업을 하다보면 뜬금없이 수업 내용과는 관계가 없는 질문을 하시는데, 명리 공부를 했으니 자신의 명운이 궁금해서 질문하는 것은 당연한 욕구이지만 수업 진도에 맞는 질문을 해야지 그렇지 않으면 헷갈리는 것은 물론 헤매기 일쑤입니다. 이러한 지적은 저 역시 다 경험이 있으니 조언을 드리는 것이니 편안하게 흡수하고 넘어가길 바라며.

본론으로 돌아와 격국론은 매우 중요한 관법이기는 합니다. 왜냐면 앞서 언급했듯이 그 사람의 사회적인 그레이드나 인생이 추구하는 방향이 되기 때문입니다. 그러나 현재까지 제가 알아 본 바로는 격국론으로 유명한 타 학파나 관법을 연구해 보니 격국만을 가지고 제일 중요한 성패득실이나 면도칼처럼 예리한 초절정기교의 관법을 구사할 수는 없었습니다.

이것도 더 연구하다 보면 물론 그럴 수도 있겠지만 중요한 것은 공부에도 순리가 있다는 것입니다. 그러니까, 정밀한 격국론은 우리학회의 관법에서는 중급 과정에 속하며 이것은 연구를 더 해본 뒤 나중에 발표할 생각입니다.

그리고 현재로써는 이도학회의 관법은 기초는 천간지지부터 공부 뒤 일주론, 중화, 근묘화실론, 궁성론을 통해 우선은 심리분석을 하는 것이 본 관법의 1단계에 해당이 되며, 그 다음이 중급반으로 간략한 격국론과 진일보한 형충회합의 실기를 익혀서 기본적으로 자신의 사주원국에서 무엇을 잃고 무엇을 얻는지를 알게 하는 성패득실론을 2단계로써 익혀야 합니다.

이 과정을 대충 따져보면 약 6개월 정도고 우선은 1, 2단계까지만 제대로 공부가 되어도 굳이 다른 곳에서 이야기하는 격국론을 알지 못해도 대강 자기 자신의 사주가 눈에 보이기 시작할 것입니다.

일이 이러하니 우리 학회의 관법을 공부하시는 분들께서는 인내심을 가지고 하나씩 천천히 한 계단씩 따라와 주었으면 합니다.

감사합니다.

# 33.

## 주제파악(못난 남자)

오늘도 어김없이 월운의 도충형과 일진의 육충으로 인해 갑자기 여기 저기서 전화가 오고 하나같이 조언을 구하는 용건이었습니다. 설마 했는데 제가 아무리 술사라고 하여도 결국은 일어날 일들은 다 일어나는 것을 보고 알고 당하는 것이니 그냥 그것으로 위로 삼으려고 했었습니다.

하지만 가장 불쾌했던 것은 나이가 40줄 다 되어가는 노총각 공무원 지인이 한 명 있는데 오늘 너무 많은 것들을 신경 쓰고 해결한다고 다음에 이야기하자고 했더니만 저의 기분은 배려하지 않은 채 계속해서 올해 직장 이동수와 여친이 생기겠느냐 등 이동수는 지금이 여름이니 될 것 같냐고 추궁을 하는 것이었습니다.

앞전에 분명히 되든 안 되든 간에 무조건 여름쯤, 그러니까 6월에서 7월 사이에 이야기는 반드시 흘러나올 거라고 하지 않았냐고 하니 이번 달 초에 나오기는 했는데 결과가 좋지는 않았다고 합니다.

에휴… 그저 공짜에 바라는 것은 왜 그리도 많은지! 정말 이럴 때마다 회의감이 들 정도입니다. 자신이 생각하기에는 사주를 분석하고 추명하는 것이 굉장히 쉬워 보이나 봅니다. 전 이 공부한다고 10년 이상을 투자

했는데 말입니다.

거기다 점쟁이 취급까지 받으니 기분이 팍 상해서 더 이상 물어보지 말고 전화 끊으라고 했더니만 여친도 생길 수 있냐고 끝까지 물고 늘어져 나이고 뭐고 지인이고 뭐고 간에 현실적으로 한마디 해주었답니다.

나 : 형! 사주 같은 거 물어보지 말고 그냥 최근에 누구 만나는 여자가 있었냐는 말이에요?

지인: 야! 그냥 척 보면 알지 않냐? 굳이 뭔가 소스가 필요하냐?

나 : 지금 장난 합니까? 제가 무슨 신내림 받은 사람이에요?

지인: 그래. 소스가 필요한가 보구나. 사실 최근 소개팅으로 만난 여자가 있는데 어떠냐? 이 정도면 됐지? 연락 올 것 같냐?

나 : 그럼 우리 현실적이고 상식적으로 생각해봅시다. 형이 지금 그 여자분 연락을 기다리는 거예요?

지인: 응. 어떻게 먼저 연락이 올 것 같냐?

나 : 형. 휴. 그 여성분이 형을 많이 좋아하는 것도 아니고 상식적으로 세상 어떤 여자가 먼저 연락하려고 하겠어요?

지인: 왜? 먼저 여자 쪽에서 남자에게 연락할 수도 있는 거지.

나 : 아니! 그게 아니라 서로 많이 좋아한 것도 아니고 겨우 하루 만나서 잠깐 논 거 가지고 먼저 연락하는 여성분이 어디 있습니까?

지인: 그래? 그래도 먼저 카톡으로 문자 날렸는데 아예 답이 없던데.

나 : 카톡이요? 전화를 해서 사정을 해도 모자랄 판국에 너무 여유만만 아니신가요? 정말 관심 있는 거 맞으세요?

지인: 관심 있으니 카톡 날렸지. 뭐.

나　: 아휴~ 답답해! 그럼 답 나왔잖아요! 형이 그 여자분 입장이
　　라도 형에게 연락할 것 같나요?

지인: 아니 그러니까 네가 사주를 볼 줄 아니까, 혹시나 싶어서 물
　　어 본 거지.

나　: 이걸 왜 사주로 보나요? 현실적으로 분위기 딱 보면 답이
　　나오는 건데. 그리고 보아하니 연락 없어도 솔직히 상관없
　　는 거 아니에요?

지인: 뭐. 그건 그렇지. 알았다. 그럼 다음에 또 연락할게.


　정말 타이핑 치고 나서 다시 읽어봐도 한심하기 짝이 없는 위인입니다. 원국 상 재성(여성의 덕)이 미약하기 짝이 없고 거기다 자신의 상관성(말의 지나침) 화법으로 재성이 아주 불미스럽게 망가져 있으니 말하는 족족 여성들 입장에서는 정말 재수 없다고 생각할 수밖에 없는 타입인데 그렇게 제가 쓸데없는 마초주의나 남성우월주의 같은 것을 버리고 자존심 확 버리고 진심으로 여성분을 대하라고 이야기해주어도 듣지 않더니 항상 저런 식이었습니다.

　한마디로 자신의 주제는 모르고 노력은 하지 않으면서 요행만을 바라니 제 입장에서는 화가 날 수밖에 없는 상황들이었습니다. 세상에 어떤 여자가 자신은 희생하지 않고 여성에게 희생을 강요하고 지켜줄 기사도 정신마저 없는 매너가 꽝인 남자를 좋아하겠습니까? 그러니 평생 제대로 된 연애도 한 번 못해보고는 매번 퇴짜를 맞는 것임에도 본인은 애써 저

의 간명을 부정하려고 듭니다. 그러면서도 또 미신 취급하면서 사람 괴롭히면서 사주 좀 봐달라고 그러고. 도대체 뭘 어쩌라는 것인지 참 한심하기 짝이 없는 위인입니다.

물론 이런 타입들은 여자분들 중에도 있긴 한데 정말 오늘 통화했던 지인은 정말 최악이라 하겠습니다. 사람이 인물도 못났고 말도 예쁘지 않고 매너도 없으면서 겨우 공무원이라는 안전빵 직장 하나 가졌다고 저렇게 눈이 높고 자기 주제파악도 못할까요? 장가를 간다고 해도 남의 집안 귀한 딸을 고생이나 시키지 않을지 참으로 난감합니다.

남자들은 정말 착각하는 것이 여자는 돈이면 다 된다고 생각합니다. 옛말에도 말 한마디에 천 냥 빚을 갚는다고 하였음에도 저도 같은 남자이지만 정말 여성의 심리를 저렇게들 모르고서야. 하. 답답합니다. 그렇지 않아도 너무나 연애에 서툴고 가치관 자체가 보수적이고 이상한 마초주의인 남자들을 위해 명리학을 활용한 연애 실용서를 하나 쓸까 생각중인데…
그런데 그냥 너무 기본이 안 되어 있어서 명리학이 아깝기도 하고 가르쳐주기가 싫어집니다. 더구나 가르쳐 준다고 그대로 실천 할 사람들도 아니고. 쩝, 별 수 있겠는지요. 그것도 팔자니 그냥 그렇게 살아야겠지요.

# 34.

## 사흉신과 사길신

간만에 상담을 해보니 아직까지도 명리학의 개념이나 교양지식에 대해서 무지한 사람들이 너무나 많은 것 같습니다. 우선은 호칭 문제부터 거론해보겠습니다. 저 역시 서른 초입 멋모르는 시절에는 명리학 선생 되시는 분에게 가서 선생님이라 부르지 않고 '형님'이라고 불러서 혼이 났던 기억이 있습니다.

그때는 그게 잘못된 것인 줄 몰랐는데(관성이 미약하다 보니) 명리학자가 되어 보니 상당히 무례한 행동이라는 것을 뒤늦게 알게 되었습니다.

물론 어디까지나 명리학이 아직도 음지의 학문이다 보니 세인들의 선입견이 있어서 그럴 법도 하지만 뭔가 가르침이나 인생의 조언을 구하는 입장에 있는 사람이라면 스쳐 지나가든 오래 가든 자신의 선생이라 할 만한데 그것을 모르고 사람들은 '비현님!' 또는 '저기요!' 이런 식으로 호칭을 합니다.

잘못된 호칭임은 물론 상대방을 높이는데 인색한 사람이 어딜 가서 제대로 대접을 받겠습니까? 자기 얼굴에 침 뱉기라는 것을 알아야 할 것입니다.

그리고 신살이나 삼재에 관한 것을 저에게 묻는다는 것은 제가 어떤 명리학을 추구하고 어떠한 관법을 추구하는지 전혀 모르는 사람이라 할 수 있습니다. 즉 제대로 제 글을 읽어 본 것이 몇 개 없는 사람들일 것인데 아무튼 신살론은 이론적인 베이스가 있고 증험한 것은 저 역시 쓰고 있으나 삼재는 띠로서 보는 것인데 세상에 동일사주도 무수히 많은데 어떻게 띠로서 길흉을 다 파악하겠습니까?

그러면 세상 모든 같은 띠들은 삼재에 아주 패망해야 할 것인데 오히려 잘 사는 사람도 천지이니 절대 우리 학회의 관법에서는 삼재에 관한 것은 없으니 오해 없으셨으면 합니다.

그 다음은 명리학에서는 '사흉신四凶神'과 '사길신四吉神'이라는 것이 있습니다. 이게 무슨 말이냐면 자기 자신과 사물의 관계 또는 육친의 관계 중에서 길한 것과 흉한 것이 있는 것인데 이 정도 기본적인 개념은 알고 상담을 받아야 자신의 사주를 부정하지 않고 진지하게 바라 볼 수 있으므로 간략하게 설명하겠습니다.

**사흉신 – 겁재, 편인, 편관(칠살), 상관**
**사길신 – 정인, 정관, 식신, 재성(정재, 편재)**

이 정도 기본적인 지식은 알고 있어야 어딜 가서도 무식하다는 소리도 안 듣고 오해가 생기지 않으므로 꼭 알아두시길 바라며 각 용어에 대한 뜻은 제 카페에 가입하면 『팔자술 정석』이라는 책을 공개해놓았으니 참고

하면 될 것입니다.

　끝으로 이야기하고 싶은 것은 흉신의 글자를 가지고 있다고 해서 무조건 흉한 것도 길신의 글자를 많이 가졌다고 해서 무조건 길한 것은 아니나, 흉신의 글자가 주를 이루고 기세를 얻었다면 자기 자신에게는 유리할지도 모르지만 남에게는 민폐를 끼치는 성향의 안하무인이 될 수 있으니 자기 자신에게 흉신의 글자가 작용하여 언행을 자주 실수하거나 흘트리는 사람이라면 반드시 미리 알고 겸손해야 할 것입니다.

# 35.

## 내가 하면 로맨스
## 남이 하면 불륜 (1)

요즘 참 웃기는 일이 많습니다. 다름이 아니라 앞전에 은퇴 기념으로 공개추론회 동영상과 함께 중급 강의록 관법을 공개하고 있는데 하나 같이 관법을 공개한 것에 대해 고마움은커녕 상대방을 깎아 내리기에 인색하기 짝이 없어 참 가련한 사람들이라는 생각이 들었습니다.

내용인즉슨, 무슨 적천수의 내용을 첨부해서 했으면 괜찮을 건데 별로라는 식이거나 별 비법도 아닌데 그것도 다른 사람 동영상을 가져와서 왜 여기다가 올리느냐고 하지를 않나, 무슨 공개추론을 왜 하냐고 하지를 않나. 하나 같이 사주공부 조금 했다는 인간들이 시비를 걸고 있으니 한심하기 짝이 없습니다. 젊은 사람이 명리공부를 해서 술사가 되어 공개추론을 하는 것이 그렇게도 배 아픈 일인가 싶습니다.

그렇게 아니꼽고 배가 아프면 당신들도 공개추론회를 통해 관법을 공개하고 실력을 증명해보이면 될 것 아닌가요? 시기하는 이들은 마치 고수인양 무슨 책에서 이런 내용은 나와 주어야 하는 거 아니냐는 등 별 것도 아닌 동영상인데 왜 올리느냐는 등등 스스로 자기 얼굴에 침 뱉는 우를 범하는 경우가 많습니다.

이래서 세인들이 명리학이 학문이 아닌 소인들이 가지고 노는 점쟁이 수준, 음지의 영역으로밖에 보지 않는다는 것을 모르고 있으니 사람이 좋은 마음으로 베풀고 싶어도 정나미가 확 떨어지므로 공개추론회 동영상은 앞으로 다 삭제해버릴 생각입니다.

그리고 제발 저보다 나이가 많니 적니부터 시작해서 얼마나 공부를 오래했니 뭐니 이런 이야기들을 하지 않았으면 좋겠습니다. 깨닫는 바에 있어서 나이, 외모, 경력, 조건 등등 그런 것들은 아무런 쓸모가 없기 때문입니다.

오직 구하는 바의 진정성과 공부의 적공으로 인해 성취하는 것이지, 쓸데없는 권위의식이나 열등감 같은 것들을 버리고 먼저 자기 자신이 이 공부를 왜 하는지부터 다시 돌아보고 난 뒤에 업장을 열어도 늦지가 않습니다. 정신 좀 차렸으면 좋겠는데 그것도 자기들 팔자니 어쩌겠습니까?

끝으로 개인적으로 누누이 이야기 했듯이 즉석에서 모르는 사주를 올려 공개추론 할 실력이 아니면 중급 이상의 실력자로 인정하지 않는다는 것을 밝히는 바입니다.

# 36.

## 학문과 상술

요즘 국내는 물론 세계적으로도 경제나 물가의 상황이 좋지가 않습니다. 굳이 제가 이야기하지 않아도 매일 뉴스를 통해 누구나 듣고 있는 불편한 진실일 것입니다.

그런 와중에 문득 드는 생각이 예전에 다른 열린 카페에서 활동을 할 때 몇몇 사람들이 무료로 사주간명을 해줄 것을 요청 받은 적이 있었습니다. 말인즉슨 자기들이 생각하기에는 진정한 학자라면 어려운 사람의 처지를 이해하고 무료로 상담을 해주는 것이라며 나름의 기준을 세워 저의 도덕성을 판단하는 것이었습니다.

당시에는 본격적으로 프로로 활동할 시기가 아니라 사연들을 쭉 읽어보고 그나마 겸손한 분들을 골라 마음 내키는 대로 무료로 상담을 해주었는데 위에서 언급한 사람들은 아예 처음부터 저에게 학자라는 둥 도덕성이 어쩌고저쩌고 하며 족쇄를 채우려고 해 끝까지 무료 상담을 거부했더니 "당신(비현) 같은 사람은 진정한 학자가 아니군요!"라면서 비난을 하는 쪽지를 보내서 당시 답장을 했는지 안 했는지 기억은 나지는 않지만 아무튼 어이없어한 경험이 있습니다.

참 생각을 해보면 웃긴 것이 학자라면 돈 욕심을 부리면 안 되고 돈을 벌면 안 된다는 논리를 절대적인 진리인 마냥 인식시키려 하는 경우가 있습니다. 일단은 우리가 살고 있는 나라는 공산주의가 아니라 자본주의의 논리가 성립되는 국가임에도 불구하고, 누구는 무슨 직업이니 돈을 벌면 상업주의라고 하고 상술이라고 무턱대고 비난을 해대니 참 뭐라고 하기가 난감합니다.

예전에 처음 음악 할 때도 순수하게 예술을 하려면 배가 고파야 하고 돈을 벌면 안 된다고 이상한 강요를 했던 부류들이 있는데 그때는 패기만만하고 혈기왕성한지라 참지 못하고 "내가 배고플 때나 먹고 싶은 거 있을 때 사주시든가, 내가 자고 싶을 때 잠잘 수 있는 집을 주시든가, 내가 여행하고 싶을 때 차를 주시든가, 내가 아플 때 병원갈 수 있게 도와주시든가 그러면 나는 일체 한 푼도 안 받고 무료로 콘서트를 하고 음원을 배포하겠다!"라고 했더니 결국 게시판이 초토화 되면서 아무도 상술이니 뭐니라는 이야기를 하지 않게 되었습니다.

그렇습니다. 여기는 무슨 일이든 일을 해야지만 먹고 살 수 있는 자본주의 사회이며, 더구나 우리 사회는 저같이 가난한 예술가나 술사들을 위한 기본적인 복지제도가 아예 없는 편입니다. 그렇기 때문에 최소한의 생계를 유지하기 위해 저는 음악을 하든 상담을 하든 강의를 하든 돈을 받는 것입니다.

그렇다고 언제 그냥 돈을 달라고 한 적이 없으며 배고픔을 참아가며 적

잖은 시간과 돈을 투자하여 나름 완성한 학문과 음악에 대한 정당한 대가를 원하는 것이니 오해가 없었으면 좋겠다는 생각이 듭니다.

그리고 제발 그 누가 되었든 간에 기부하라든지 베풀고 살아라하든지 이런 말 좀 안 했으면 좋겠습니다. 선행은 자발적이어야 하는 것이지 누가 좀 잘 산다고 뭔가를 좀 가졌다고 억지로 강요하지 말았으면 합니다.

선하다고 생각하는 일을 누군가에게 강요하는 사람치고 실제로 그 사람이 선한 사람인가? 하는 의구심을 가져 볼 필요가 있겠습니다.

# 37.

## 명리로 보는
## 심리학

    수많은 사람들이 사주명리라고 하면 미래를 예측해서 자신이 어떤 이득과 손실을 알게 될까를 궁금해 합니다. 굳이 명리가 아니더라도 이해득실을 위해서 별의 별짓을 다하지만 여기에도 전생으로부터 기인한 숙명적인 것은 바꿀 수가 없고 경우에 따라서는 노력으로 인해 개운은 가능한 것인데 그 개운하는 방법 중 가장 좋은 것은 자신의 정신을 다스리는 것이라고 저는 생각하고 있습니다. 그럼 본론으로 들어가 아래와 같은 명식을 논해보도록 하겠습니다.

| 時 | 日 | 月 | 年 |
|---|---|---|---|
| 丙 | 乙 | 己 | |
| 辰 | 巳 | 未 | |

    흔히 팔자의 심리학이라고 하면 대만의 작고하신 하건충 선생의 이론으로 회자되는 경우가 많습니다. 이것을 하건충 선생께서는 '궁성론'이라고 하여 시간, 일간, 월간을 통해 차명의 경우 심리가 발동한다고 이야기를 합니다. 임상을 해보면 선생의 다른 관법은 개인적으로 별로 공감하지 않으나 궁성에 바탕을 둔 성정이론은 꽤 일리가 있다는 생각이 듭니다.

그러나 저는 지지의 경우는 거의 숙명의 세계에 속하고 개운을 할 수 있다는 부분은 무형에 속하는 천간 라인에 있다고 보는 편입니다.

고로 저 명식을 토대로 보자면 일간 을목의 원래 성정은 부드러운 가운데 의외로 강단이 있다는 식으로 시작하여 월간은 월령에서 투간한 셈이니 편재를 추구한다고 보고 시간의 작용은 일주 시점은 되어야 그렇다고 봅니다.

그리고 월지는 월령이므로 사주팔자 전체에 영향을 미친다고 보는 것입니다. 일이 이러하니 이런 명식은(위와 같은 명식은 없습니다. 설명을 위해 임시로 만들었습니다.) 항상 일의 결과를 빨리 보길 원하고 성격이 급하기도 하고 한편으로는 부지런한 면도 있는 것입니다.


이런 성정론을 보면 각자가 무조건 내가 살면서 어떤 횡재수를 하는지 어떤 시험에 합격할건지와 같은 기복행위는 바른 사주학 공부가 아니라는 것을 방증하기도 합니다.

물론 명리를 입증하는 것은 적중률에 있는 것은 분명한 사실이지만 너무 맞추는 것에만 열중하다 보면 자신을 알아보는 공부는 등한시하게 되는 것이니 그래서 저는 기초 공부를 일단은 나 자신을 알기 위한 심리관법으로 커리큘럼을 짜 놓은 것입니다. 우선은 자기 자신이 어떤 사람인지를 알고 난 뒤부터 본격적인 운의 추론을 배워도 늦지는 않은 것입니다.

자신의 심리 상태를 알게 되면 그제야 자신을 뒤돌아보기 시작하고 마음의 평화가 찾아오는 것이니 명리를 공부하는 초보 학습자들께서는 이 이야기를 참고하셨으면 합니다.

# 38.

## 맹신과 과신

    오늘 이야기하고자 하는 주제는 앞전에도 몇 번 언급한 적이 있지만 앞으로도 계속해서 이야기하게 될 주제임에 틀림이 없으니 아시는 분들도 있겠지만 아무리 강조해도 지나침이 없는 중요한 정신교육이므로 너그럽게 읽어주시면 좋겠습니다.

    우리가 인생을 살아가다 보면 어떤 사람을 사랑하게 되고 그리고 그것이 나중에는 집착이 되는 경우가 있고 어떤 종교나 사상에 심취해서 그것만이 다라고 생각하는 경우가 많습니다.

    명리학이나 자미두수, 기타 운명학도 마찬가지입니다. 어떤 예측을 잘하는 술사가 있어서 그 사람 말이 전부 다 맞을 거다, 라고 과신하는 경우가 있는데 그것은 그 술사의 컨디션이 좋고 원래 많이 풀어봤던 구조의 명식이거나 상대방(의뢰인)과 코드가 잘 맞는 경우이기 때문에 그런 것이지 실력이 있다고 해서 100% 다 맞출 수는 없는 것입니다.

    흔히 사람들은 어떤 분야든 실력만 좋으면 동일한 결과 값을 절대적으로 산출할 거라고 생각하지만 그것은 정말 착각이자 오해라고 할 수 있습니다.

평소 아무리 실력이 뛰어나다고 극찬을 받는 운동선수라고 하여도 말도 안 되는 실수를 해서 금메달은커녕 아무런 메달도 못 따는 경우가 왕왕하며, 전교 1등의 수재라고 하여도 수능 치는 날 답을 모두 다 한 칸씩 미뤄 쓰는 바람에 어이없게 재수를 한 사람도 있습니다.

일이 이러한데 술사나 명리학자가 신神이 아닌 이상 방대한 인생사를 겨우 사주의 여덟 글자만을 보고 모두 다 인사를 복기하고 예측한다는 것은 정말 말도 안 되는 일일 것입니다.

이건 제가 명학을 공부하고 연구하고 상담하고 강의하고 저술하는 사람으로서 생각해보아도 정말 말도 안 되는 이야기입니다. 고로 기대가 크면 실망도 큰 법이니 운명학뿐만 아니라 우리는 모든 사물이나 현상, 사람에 대해서도 맹신이나 과신은 금물인 것입니다.


또한 뭔가를 믿고 싶거나 신뢰하고 싶다면 활을 쏠 때 아주 천천히 당겨야만 활이 제대로 날아가듯이, 무엇이든 활처럼 차분한 마음으로 천천히 다가가야지 무턱대고 처음부터 모든 것을 올인 하겠다는 사고방식은 스스로는 물론 주위사람들도 피곤하게 만드는 행동이니 깊이 생각을 해봐야 할 것입니다.

끝으로 모든 인간사는 우선은 신용이 으뜸으로 바탕이 되는 것이니 서로에게 믿음을 주고 싶은 관계가 되고 싶다면 소소한 일상에서의 시간 약속이나 빌린 돈 갚기나 등등 상대에게 작은 것부터 믿음을 주는 데서 시작하여 좀 더 큰 그림을 그리게 되는 것이니 이러한 신뢰의 방법론에 대해서도 한 번쯤은 생각해 볼 필요가 있겠습니다.

# 39.

........................

# 사주가 공개되면
# 나쁘다?

원래는 오프라인 수업 시간 때에나 나눌만한 주제인데 꼭 수강생이 아니라도 일반인들도 알고 있어야 할 명리학의 교양지식이니 그냥 지면을 할애하여 이야기 해보려고 합니다.

결론적으로 말하자면, 말도 안 되는 이야기입니다. 우선 사주라는 것은 생년월일시로 운명을 예측하는 학문인데 명리학의 경우는 분까지 쪼개어서 보는 학문이 아니고 두 시진을 간격으로 추명을 하므로 동일사주가 국내에도 많고 전 세계적으로 따지자면 이 숫자는 훨씬 더 많을 수밖에 없을 것입니다.

정확한 산술적인 통계는 인터넷을 검색해보면 많이 나와 있으니 참고하시고, 아무튼 동일사주가 너무나 많기 때문에 자신의 사주가 공개된다고 하여서 누가 누구인지는 알 수가 없습니다.

물론 자기 얼굴을 공개하고 실명을 공개하고 기타 사생활을 모두 다 공개하는 경우는 예외겠지만 그렇지 않고서 사주만 공개하고 아이디 정도 안다고 해서 절대 그 사람이 누구인지는 아무도 알 수가 없는 일입니다.

이것은 현실적으로, 객관적으로 생각해보면 그렇다는 것이고 이 밖에도 보이지 않는 기氣의 차원이나 속설에 의하면 사주가 공개되면 사생활이 다 드러나서 위험하다니 본인의 운세에 나쁘다고 하는데 모두 다 터무니없는 카더라 통신에 불과한 것입니다.

사생활적인 측면은 위에서도 이야기했듯이 본인 스스로가 모든 것을 공개하지 않으면 드러날 일이 없고 또한 실제로 명리를 잘 간명하는 사람도 세상에는 그리 많지 않습니다. 우리나라는 예로부터 점술 문화가 발달해서 명운을 잘 보는 사람들이 많을 거라 생각하지만 실제로 중수 이상의 실력자는 그리 많지가 않습니다.(누누이 이야기 했듯이 제 기준에서 중수 이상은 모르는 명식을 즉석에서 공개추론 할 정도의 실력을 일컫는 것입니다.)

고로 똑같은 사주를 보고도 누구는 바람둥이라고 이야기하고 누구는 절대 그렇지 않고 애처가라고 간명을 하고 통변을 하는 것입니다.


물론 어느 쪽이 맞는지는 당사자(의뢰인)만이 알겠지만 사주를 잘 간명하는 사람이 간판 수만큼 절대적으로 비례하는 것이 아니니 사생활 노출운운은 걱정하지 않아도 괜찮겠습니다. 또한 운세가 안 좋다는 것이 걸린다면 오히려 운명 예측학문에 자신의 명조를 기부하는 행위로, 운세가 더 좋아지면 좋아졌지 나빠진다는 것이 아닙니다. 일종의 우리가 바르게 기부행위를 하면 복 받는다고 이야기하거나 자신이 죽고 난 뒤 신체를 해부실습용으로 기증한다든지 전부 다 인류나 후학을 위해 헌신하는 것이니 선업이라고 해야지 이것을 두고 악업이라고 이야기하는 것은 모순인 것입니다.

고로 명리학자나 술사가 되어 책을 저술하고 상담을 하고 강단에 서려면 자신의 사주 정도는 스스로 대략적으로 알고 있어야 할 정도의 실력과 꼭 필요한 경우는 당당하게 공개도 할 수 있어야 합니다.

물론 그냥 일반적으로 상담만을 해주려는 카운슬러는 다를 수도 있습니다. 예를 들어 어떤 경우든 의뢰인의 사주와 상담 내용을 비밀로 해줄 거라고 미리 카운슬러와 협의가 된 경우라면 당연히 그 누구에게도 발설하면 안 되는 것이지만 만약 명리학을 공부하고 카운슬러가 되거나 강단에 서고 싶다면 자신의 사주를 공개하는 것이 나쁜 것이 아니라는 이야기입니다.

만약 자신의 사주를 강단에 서서 공개 및 지식으로 설명을 못할 정도로 부끄럽거나 잘못 살아온 인생이라는 생각이 들면 그냥 안 하니만 못한 것이니 이런 점은 각자 자신은 사적으로 사는 사람인지 공인이 되어야 할 사람인지를 잘 분별하고 생각해보아야 할 것입니다.


어떻게 보면 이건 어디까지나 자신의 기국과 목표가 어디까지인지에 따른 문제이지만 적어도 프로가 되려면 위에서 언급한 대로 자신의 명식을 공개하는 것에 대해서 그것이 어떤 인생이든지 당당해질 필요가 있습니다.

정리하자면 남의 고민을 들어주고 인생의 길을 상담해주겠다는 사람이 자신은 돌아보지 않은 채 회피하려고만 한다면 어떤 의뢰인도 신뢰하기가 힘들 것입니다. 또한 명학 카운슬러치고 상처가 없고 반듯하게만 산 사람들은 거의 전무합니다. 즉 상처와 아픔도 있어야 인생 상담도 더 잘

할 수 있는 것이니 부정하다 생각하지 말고 비 온 뒤 땅이 굳어지듯 영광의 상처라고 보면 되겠습니다.

고로 적어도 명리 공부하는 사람들이 자신의 사주가 학문의 발전과 후학을 위해 공개되는 것이 나쁜 것도 아니고 두려워할 하등의 이유가 없는 것입니다. 부정도 긍정도 결국은 다 같은 몸에서 나온 또 다른 나이니 일체가 되는 삶이 되었으면 합니다.

# 40.

## 고서와 이론의
## 집착

인터넷이 등장하면서 역학분야도 어느새 발 빠르게 신진술사들에 의해서 새로운 비즈니스 모델로 떠오른 지가 이미 과도기를 넘어가고 있습니다. 여기서 지켜볼 점은 출신성분, 나이, 성별을 막론하고 요즘의 술사라고 자처하는 사람들은 하나같이 누군가의 모방처럼 적천수가 어쩌고, 자평진전이 어쩌고 하면서 고서와 이론에만 집착하고 있는 사람들이 너무나 많습니다.

학문하는 사람으로서 서책과 이론을 등한시 할 수는 없지만 뭔가 주객이 전도된 느낌이 없지 않아 있습니다.

고서와 이론에 해박하여야만 반드시 팔자술의 마스터가 될 수 있다는 자기만의 기준을 세워 놓고는 거기에 미치지 못하는 사람들은 마치 자신보다 하수인 마냥 구는데 참으로 가소롭기 짝이 없는 인사들입니다. 역대 명학의 고수들이 이론이나 서책에 해박하여 고수로 불리는 것이 절대 아닙니다. 오히려 하나의 문자를 통해 실천이 없고 임상이 없는 지식은 있으나 마나이니 스스로를 옭아매는 사슬이 된다는 것을 어찌 모르는지요? 안타깝기 그지없습니다.

현재 자기가 모시고 있는 선생이나 관법이 무엇인지도 제대로 모르는 채 그저 소위 떴다는 이유 하나만으로 무슨 짓을 해도 다 그것이 진실이자 진리인양 우상화하고 떠받들고 있으니 어찌 하겠습니까? 그것도 다 자기 팔자겠지요.

서책을 인용한다거나 이론만 떠들어 대려면 제가 정말 자신이 있지만 이미 예전에 작곡법을 공부하면서 그것도 어느 정도이지 결국 실기로 표현되는 모든 학문은 감성과 철저한 임상과 실전(실천)이 아름다운 결과물로 도출되는 것입니다.

그렇기 때문에 저 역시 처음에는 선생들을 모시고 그분들의 관법 위주로 이론을 공부하고 나머지는 자연의 이치 공부와 임상공부에 열중하는 것입니다. 또한 생각해 볼 점은 학문이란 사람을 위해 나온 것이지 그 자체로 사람들에게 군림하기 위해 나온 것이 아닙니다.

마치 법이 사람을 위해 만들어진 것처럼 학문도 마찬가지라는 이야기인데 이 이야기를 두고 어떤 이는 책이나 논문도 한 편 안 쓰고 그게 어떻게 학문이냐고 반문을 합니다. 그리고는 사람에게는 무조건 싫고 좋고의 감정만 있지, 아무런 감정이 없는 것은 뭐냐면서 흑백논리를 주장합니다.

제가 뭐라고 하겠는지요? 그게 당신의 한계이니 우물 안의 개구리는 그냥 그 속에서 자기 혼자 떠들어대면 그만인 것입니다.

# 41.

## 시추론 時推論

지금 10대부터 40대 초반까지는 대부분 병원에서 태어났기 때문에 출생차트라는 것이 존재합니다. 이 말을 서두에 바로 꺼내는 이유는, 간명을 하려면 태어난 시를 알아야 하는데 안타깝게도 넉넉하게 잡아서 40대 초반 이상 되는 분들 중에는 자신의 정확한 시간대를 모르는 분들이 생각보다 꽤 많습니다.

저도 처음에 프로로 입문할 때 설마 자신이 태어난 시간대를 모르는 분들이 그렇게나 많을까? 하고 의아해했는데 공교롭게도 나이가 있으신 분들 이외에도 젊은 분들도 모르는 경우가 종종 있었습니다.

또한 제일 난감한 것이 알고 있다고 하여도 몇 분에 의해 시간대가 완전히 달라지는 경우입니다. 예를 들어 아침 11시 29분까지는 사시巳時로 보지만 11시 31분이 되면 오시午時가 되기 때문에 확연히 팔자의 구성이 틀려질 수밖에 없습니다.

여기서 예리한 분들은 알겠지만, 그렇다면 11시 30분은 사시와 오시 중 무엇으로 볼 것인가라는 의문이 들 수 있는데 여기에 대해서는 저 역시 뾰족한 답을 하기는 힘듭니다. 이론적으로는 두 가지를 절충해서 간명하는 방법이 있고, 하나는 제목에 나와 있는 시時를 알아보는 정석의 관법인 시추론 기법을 통해 과거 상황을 몇 가지 확인 한다거나 육친관계 등 여러 가지를 몇 가지 체크한 뒤에 알아내는 방법이 있습니다.

그러나 이렇게 한다고 하여도 문제가 되는 것은 예를 들어 어떤 사주는 신시와 유시가 되어도 그렇게 큰 변화가 없는 경우도 있기 때문에 미궁으로 빠지는 경우도 있습니다.

결국 스스로가 알고 있는 경우 이외는 술사가 아무리 시추론을 통해 시간을 확정한다고 해도 그것이 완벽한 탄생시라고 확신하지는 못한다는 이야기입니다.


저의 경우는 문하제자 되는 분들 중 그러한 분이 있다면 시추론 기법을 통해 대강의 탄생시를 낙점해놓고 약 몇 개월 동안 그 사람의 성향을 살펴서 최종적으로 결정하는 편입니다.

고로 시간대가 헷갈리는 분들은 직접 명리를 공부해서 스스로 알아내는 것이 그나마 정확한 시교정이 될 것이니 모든 일에는 적공이 쌓이지 않으면 만사불성이니 당연한 세상의 이치가 아닌가 합니다.

# 42.

## 성性의 고찰

오늘은 제가 좋아하는 비가 촉촉하게 내리는 것이 여러 가지 영감이 많이 떠오르는 날입니다. 일진을 보니 을미일乙未日이니 저에게 있어서는 정관이 화개지인 겁재에 통근해서 들어오는 날인데, 사회적인 현상과 관련된 철학적인 영감을 받아 글을 쓰는 하루라고 볼 수 있겠습니다.

촉촉하다보니 오늘은 성(sex)과 관련된 썰을 한 번 풀어보고자 합니다. 최근 사회적으로는 엽기적인 성폭행이나 성추행 등이 이슈가 되면서 성매매에 관한 것도 모두 다 사회악으로 정의를 내리고 마녀사냥을 하는 식으로 남성들을 준準 범죄자에 가까운 따가운 시선으로 바라보고 있습니다만 과연 그렇게 '성性'이라는 것이 더럽고 추악한 것인가? 하는 의문도 생깁니다.

제 입장에서는 원래 성이라는 것은 매우 아름답고 신성한 것이라고 생각하고 있었는데 우리 사회는 예로부터 유교의 폐습에 의해 터부시해오는 경향이 매우 짙다는 생각이 듭니다. 그런데 옛 고서나 성현의 말씀에도 보면 음담패설적인 구절이 꽤 나오는데 뜯어보면 매우 철학적이고 이치에 통한 제대로 된 성교육이 아닌가 싶습니다.

처음 명리를 배울 때 한학을 전공한 선생께서는 심심하면 남성과 여성의 성기에 빗대어 가르쳐 주어서 참 난감했습니다. 선생께서는 원래 한자는 이렇고 뜻은 이런 거다, 라고 말씀하시면서 "풀어보면 보배라는 것을 안다(知)는 것이고 남자들은 그것이 보배라는 것을 스스로 안다(知)는 이야기다"라고 성교육 아닌 성교육을 가끔 해주었습니다.

그렇기 때문에 예로부터 우리 민족은 사주단자라는 것을 서로 보고 혼인을 시켰던 것입니다. 왜냐면 궁합이 잘 맞아야 부부해로하고 자손이 번창했기 때문입니다.

이뿐만 아니라 참 여러 가지 성교육 및 성을 예찬하는 수 없는 이야기들이 있습니다만 지면으로 다 밝히기에는 거시기하고 전하고자 하는 내용은 이러하다는 것입니다.

즉 성이라는 것은 근본(혹은 조물주)이 남녀라는 음양을 이 세상에 내놓고 서로 잘 화합하고 사랑해서 그 결과로써 생명을 잉태하게 만드는 것이니 어찌 이것이 추악하고 나쁜 범죄라고 할 수 있겠습니까?

남녀가 만나 사랑하고 서로의 몸을 따뜻하게 안아주는 것은 자연스러운 일이지 결코 이상하거나 나쁜 일이 아닌 것인데 요즘 세상의 풍토는 윗분들의 지배를 위한 권력용 성윤리를 앞세워 국민들을 핍박하는 것이 아닌지 생각해보지 않을 수 없는 일입니다.

또한 지금까지 제가 언급을 했는지 모르겠지만 현재 ZERO 관법에서는 사실은 겉궁합보다는 속궁합이 중요한 것인데 겉궁합이 좋다는 이야기는 서로의 정신적인 추구방향이나 생각, 취향 등이 잘 맞는다는 것이고 속궁합이 중요하다는 것은 실제의 속마음이나 성생활이나 같은 공간에 놓이게 되면 얼마나 잘 화합할 수 있냐는, 그야말로 현실을 말하는 것입니다.

고로 예를 들어 어떤 부부 중에는 매일 싸우고 부수고 난리브루스를 쳐도 자고 일어나면 다음날 서로 계란으로 멍든 부위를 어루만져주는 웃지 못 할 해프닝을 여러분도 주위에서 많이 듣고 보았을 겁니다.

그만큼 속궁합의 영역은 중요하다는 이야기인데 아무리 타고난 팔자가 그렇다고 해도 애인이든 부부든 서로 노력이 필요합니다. 자신의 팔자가 이러하니 합리화만 시키고 아무런 노력도 하지 않는 것은 바른 명리의 인식이 부족한 것이니 알아두셨으면 합니다.

# 43.

## 명리의
## 바른 인식

이 내용도 사실은 보통 오프라인 기초반 첫 수업 시간 때 O.T에서 하던 이야기인데 학습자들뿐만 아니라 일반인들도 아셔야 할 명리학의 교양 지식이라 할 만하니 한 꼭지 올리도록 하겠습니다.

여러분께서도 아시다시피 예로부터 그런 것은 아니지만 한국 사회가 근대화되면서 명리학은 서양 열강과 일본 제국주의의 침략, 그리고 군사 정권이 들어서면서부터 서양 학문이 득세하고 동양학이라 불리는 한의학이나 동양철학, 명리학 등은 빛을 잃어버리고 양지의 영역에서 음지의 학문으로 사회적으로 다운 그레이드가 되어버렸습니다.

그리고는 지금까지 제대로 된 교육기관도 없이 포장마차니 점집 등으로 불리며 암암리에 계속해서 이 학문의 생명이 유지되어 왔고 급기야 인터넷이라는 전 세계적인 네트워크가 생기면서 운명학도 음지에서 나와 이제야 조금씩 인식이 달라지고 있고, 급기야는 몇몇 무명의 대학학부 과정에도 명리상담사같은 학과도 생기는 등 나름 인식이 바르게 형성 되어 가고 있습니다만 젊은 신진술사에 해당하는 저 같은 사람이 보기에는 여전히 명리에 대한 불신이나 사회적인 위치는 비제도권의 마이너 학문이라고 생각하는 바입니다.

그렇기 때문에 제도권 학문을 하시는 분들은 그냥 차려놓은 밥상 떠먹기 하면 되지 저 같은 사람들은 공부하고 연구하는 것만 해도 힘든 지경임에도 명리를 바르게 인식시키고 개척해나가야 하는 이중 부담을 가지고 활동할 수밖에는 없는 것입니다.

그래도 어떻게 하겠는지요? 이것도 제가 이 세상에 와서 해놓고 가야 할 중요한 일이니 지금 이렇게 고군분투하며 꿈을 현실화시키기 위해서 애쓰고 있는 중입니다.

아무튼 사이비 점쟁이나 이상한 사람들을 만나지 않으려면 다음과 같이 몇 가지 사항을 참고하셨으면 좋겠습니다.

1. 기둥이 휘어질 정도의 무리한 금전을 요구하는 곳은 비추천입니다.

2. 부적이나 굿을 해준다면서 무리한 금전을 요구하는 곳을 조심해야겠습니다. 부적이나 굿 자체가 나쁜 것은 아니지만 누누이 이야기했듯이 부적이나 굿을 하는 행위가 바른 노력은 하지 않고 요행을 바라는 기복 행위일 경우 별 효험이 없다는 뜻이기도 합니다.

3. 부적이나 굿을 해서 100% 원하는 대로 소원성취 해준 곳이 있으면 저에게도 말씀해주십시오. 직접 만나보고 싶군요.

4. 자신의 신분을 밝히지 않고 신비주의로만 영업하는 곳을 경계해야 합니다.

5. 운명학은 적중률이 중요하므로 아무리 무슨 고서가 어쩌고 저쩌고의 유식한 문자를 쓰더라도 공개 추론할 실력이 아니면 중수 이상의 실력자가 아니므로 이런 곳도 경계해야 합니다.

6. 사주를 봐주면서 상납을(물질이든 정신이든 뭐든) 원하는 곳은 조심해야겠습니다.

7. 자신의 프로필이나 사진 등 자기소개 및 공개를 하지 않는 곳도 경계해야 합니다.

8. 소문으로 '와! 정말 100%로 다 맞춘다'는 입소문을 경계하십시오. 실제로는 실력이 좋은 것이 아니라 알바들을 푼 경우가 대부분입니다.

9. 욕을 하거나 비난하거나 처음부터 반말을 쓰면 카운슬러의 자질이 있는지를 의심해 볼 필요가 있습니다.

10. 무슨 투자를 하면 돈을 불려주겠다는 곳을 조심해야 합니다.

11. 수업을 한다고 해놓고 걸핏하면 엄청나게 지각하고 수업을 취소하는 곳도 의심해 보아야 합니다.

12. 사주상담 예약을 해놓고는 갑자기 예약취소를 하는 곳도 조심해야 합니다.

13. 명학상담가도 사람인지라 예단이 틀린 경우도 있습니다. 이럴 때 스스로 모르는 것이나 틀린 것에 대해서 정중하게 의뢰인에게 모른다고 솔직하게 시인하고 본인의 부족함을

인정하지 않고, 오히려 의뢰인을 협박하거나 공갈을 친다
든가 무시하는 안하무인의 카운슬러가 있다면 이런 사람들
도 경계해야 합니다.

이상 보편적인 상식에서 벗어난 철학관이나 점집, 기타 사주상담 하는
곳을 조심하면, 그나마 바르게 하는 곳이라 보셔도 무방할 듯합니다.

# 44.

## 시절인연(인연법)

명리의 본질은 인생을 예단하고 수양하는 삶에 있다고 생각하고 있습니다. 그런데 많은 분들이 사람이 만나고 헤어지는 것도 명리에 나와 있냐고 물어보고 말이 안 된다고 생각하시기도 합니다. 왜냐면 사람이야 내 기분, 내 감정에 따라 만나고 싶으면 만나고 만나기 싫으면 헤어지자고 하면 헤어지는 것 아니냐 생각하기 때문입니다.

그런 논리로 따지자면 각자 부모를 선택해서 이 세상에 온 사람은 아무도 없습니다. 고로 반문 자체가 스스로 논리적인 모순을 가지고 있으므로 결론은 '우문'이라는 것입니다. 그러므로 명리학이란 삶의 이치를 다루는 학문으로 여기에는 근본적으로 '정명론定命論'이라는 개념이 들어가는 것입니다. 즉 '운명은 정해져 있다'라는 것이 기본전제이고 그 운명이란 것은 전생으로부터 시작한 인과의 법칙에 의해 그렇게 된 것이라고 고서를 공부하고 임상하여 내린 결론이기도 합니다.

또한 지금은 인류가 시작된 지 매우 역사가 오래되었으므로 상당히 윤회라는 과정을 많이 거치고 거의 막바지까지 오지 않았을까? 하는 의문도 가지고 있습니다. 즉 지구가 수용할 수 있는 인류의 초과를 생각해보면 이런 결론으로 도출될 수밖에 없는 것입니다.

정리하자면 인과에 의해서 만나는 인연은 이제 거의 70% 이상에 육박할 것이고, 나머지 이번 생에서 새로 맺게 되는 인연은 상대적으로 적다는 것이 저의 지론입니다.

고로 명리를 인정하고 공부를 하는 학도라면 더 이상 명리학의 본질이나 개념을 부정해서는 안 될 것이며, 어떻게 하면 자기 자신이 어떠한 사람들과 인연을 맺고 그것을 통해 영적인 성숙(영혼의 진화)을 이루어낼 수 있지를 고민해야 하는 것이지 명리 공부한다는 사람이 아직도 스스로 모순을 가지고 의심을 가지고 공부한다면 용두사미 되기 일쑤인 것입니다.

옛 성현의 일화에도 한 제자가 "선생님 하늘 위에 하늘이 있습니까?"라고 여쭈니 "있다"는 대답을 수차례 반복하다가 '만사불성'이라면서 스스로의 궁구나 적공이 없이 알아내려는 제자의 어리석음과 한 가지를 배웠다면 실천해서 체득하려는 정신이 없는 것을 안타까워한 것입니다.

고로 실천 없는 지식이나 앎은 오히려 독이 될 수 있으니 학습자들께서는 이런 점도 생각해보면 공부에 도움이 될 것입니다.

글을 줄이기 전에 옛말이 떠오릅니다.

**때에는 그 때가 있고, 사람에게는 그 사람이 있다.**

모든 것은 무위이화로써 절로 돌아간다는 것이 바로 도가의 근본된 사상이지 억지로 인위로 한다고 해서 되는 것이 아니니 각자 저 말씀의 깊이를 느껴보는 날이 왔으면 좋겠습니다.

# 45.

## 사제지간의 인연

이번 강의에는 제가 임진년부터 활동한 이후로 처음으로 20대의 청년이 수업에 참석해주었습니다. 청년이 수업에 참석한 게 무슨 대수인가? 라고 의문이 들 법 한데요, 제가 사학계에서는 젊은 나이에 해당하기 때문입니다. 그러다보니 상담을 받는 분들이나 수업에 들어오는 분들도 처음에는 젊은 층이 많지 않을까? 생각했었습니다.

그런데 막상 업장을 열어보니 역시나 한국 사회에서는(물론 다른 나라도 마찬가지이겠지만) 40대 초중반 이상의 분들께서 대부분 철학공부, 즉 명리학을 공부하거나 관심이 많은지라 작년부터 지금까지 2, 30대의 청년들은 단 한 분도 수업에 참석한 적이 없었습니다. 그래서 이번에 처음으로 20대 청년이 참석해주어서 참으로 기뻤습니다.

이에 대해서 함께 수업에 참석해주신 아름다운 중년 부인께서 농담으로 "젊은 사람 들어오니까 선생님이 너무 좋아하신다"라고 해서 쑥스럽기는 하지만 다른 것 때문이 아니라 어떤 분야든 연령층이 다양해야 균형이 잡히고 조화가 일어나기 때문에 저는 사실 한쪽으로 연령대가 치우치는 것을 좋아하지 않습니다. 물론 제가 아직 젊어서이기도 하고 동종업계에 비슷한 세대가 없기 때문에 그러한 외로움이 있기도 합니다.

아무튼 이번에 대운이 바뀌면서 새로 인연이 된 분들이 지난 1년 넘게 프로술사로 활동하면서 만난 수강생들 중 현재의 저와 가장 닮아있는 제자님들이라는 생각이 들어 요즘 덕분에 오랜만에 기분 좋은 감정을 느낄 수 있어서 마음 깊이 감사하고 있습니다.

처음에는 이렇게 글을 쓰려고 한 것이 아닌데 저의 삼천포 기질 때문에 또 이렇게 쓰게 되었네요. 사실 오늘의 주제는 '스승과 제자'라는 글인데 저는 아직 젊고 경험이 부족해서 스승이라는 말을 누가 불러주어도 정중히 사양하고 싶습니다. 그저 일반적인 호칭으로 학문하는 사람이니 '선생님'만으로도 감지덕지입니다.

본래 제가 알고 있는 '스승'이라는 호칭은 인류를 위해 업적을 남기거나 제도한 분을 일컬어 극존칭으로 쓰이는 것으로 아는데 글쎄요? 저는 아직도 너무나 부족하고 앞으로 설사 연륜이 쌓여도 감히 그런 호칭을 들을 수 있을지 상상이 안 가네요.

그나저나 제가 명리학 학자이고 강단에 서다보니 저의 식상(제자님들) 운이 어떨까 궁금해 하는 분들이 있을 것 같아서 말씀드리자면 결론적으로는 Nice 합니다만, 지지地支 상황으로는 권형(중화)을 이루고 있지만 형권에 들었기 때문에 제 마음을 아프게 하고 저를 배신하는 분들도 종종 있을 것입니다. 앞전에도 글을 적었지만 이미 그러한 일이 있었고요.

이런 현상은 앞으로도 계속해서 벌어질 겁니다. 그러나 결국은 저를 비난했던 제자들이 저의 진심을 알고는 다시 마음을 돌리게 되니 그것만으로도 제자님들의 덕이 없는 것은 아닐 겁니다.

그리고 저와 인연이 오래가는 분들은 저와 함께 이 세상을 바꾸어 가는 데 함께 동참하는 분들이 될 것이며, 그분들(제자님들) 또한 저처럼 식상을 쓰고 제자의 덕이 있는 분들이 될 겁니다. 즉 불합리하거나 불의를 보면 잘 못 참는 분들이라 할 수 있겠습니다. 반면 풍류를 즐기는 것도 있습니다.

정리하자면 저의 식상(제자님들)의 덕은 반흉반길이나 가감승제를 통해 보면 그래도 훌륭한 분들이 있을 것으로 보입니다.

그러나 아무리 좋은 인연이라고 할지라도, 아무리 좋은 운이라고 할지라도, 운만 믿고 노력하지 않으면 오히려 하늘의 입장에서는 괘씸죄가 성립이 되니 하늘이 감추어 둔 운명학을 공부하는 분들은 합리화를 시키려는 무모한 행동은 자제해야 할 것입니다.

좋은 사제지간의 인연이라도 마음을 게을리 하지 말고 서로 아끼고 존중하는, 때로는 친구처럼 때로는 연인 같은 아름다운 연이 되었으면 합니다.

# 46.

## 융통성

어릴 적부터 융통성이 없다는 말을 많이 들어왔고, 성인이 되어 사회에 나와서도 사회성이 없다는 이야기를 회사를 다니거나 알바를 뛰면 많이 듣는 편이었습니다.

융통성이 없다는 것은 그런대로 들을 만했으나 사회성이 없다는 것은 그 기준이 객관적인 시각에서인지 그저 자신의 주관에서 그러한 것인지를 알 길이 없었기 때문에 반발심이 강한 편이었습니다.

무엇보다도 사회성이 없다고 지적한 저보다 나이가 많거나 회사에서의 위치가 상사인 사람들은 하나 같이 제 눈에는 윗사람으로서의 모범적인 처세를 보여주는 사람들이 아니었기 때문에 그런 반항심도 있었던 것입니다.

세월이 지나서 가만히 생각해보니 한국 사회라는 곳은 워낙 유교적 폐습의 상하 서열관계가 투철한 곳이라 저런 말을 하는 사람들이 결국은 보통 사람들이고 제가 '비보통인'이라는 것을 뒤늦게 깨달을 수가 있었습니다.

그렇습니다. 사회성이란 명리에서는 육신으로 '관성官星'이라는 성분이 조절하는 것인데, 이 관성이란 성분은 나를 훈육하고 보살펴주는 성분으로써 팔자명식에서 관성이 미약하거나 망가진 사람들은 사회성이 없다는 말을 듣기가 쉽습니다.

고로 이런 논리로 보자면 최근 청년들의 경우 실업률이 높다는 것 또한 저 같이 관성이 문제인 사람이 많다는 방증도 되는 것입니다.

실제로 젊은 분들의 사주명식을 간명해 보면 관덕官德이 좋은 경우가 요즘에는 그리 많지가 않고 온통 나 자신을 내세우는 비식比食으로 구성된 경우가 많습니다.

그렇기에 젊은 분들을 보면 저 역시 젊은 층에 속하기 때문에 마음이 측은해질 수밖에 없는 것인데 측은한 반면, 비식을 주로 쓰는 사주들은 사주상담이나 수강을 하겠다는 태도를 보아도 상담료가 비싸다거나 수강료가 비싸다고 징징거리는 경우가 많습니다. 역시나 관성이나 식상(화법)의 문제가 있어 드러나는 단점인 것인데, 자신의 처지를 설명하고 그것이 납득이 갈 만한 사정이라면 얼마든지 융통성 있게 조절해 줄 수도 있는 문제입니다. 처음에는 수회 쪽지를 연달아 보내고 메일이나 전화, 문자로 문의를 하면서도 진작 비용을 듣고 나면 언제 그랬느냐는 듯이 잠수를 타버리는 경우가 많습니다.

저는 명리학을 전공하는 사람이기에 자연스레 심리적인 관법도 연구하기 때문에 상대방의 말 한마디, 행동 하나만 보아도 팔자를 보지 않아도 이미 어떤 식으로 구성되어 있는지 쉽게 파악하는 편인데 안타깝지만 저런 분들도 보나마나 관성의 덕이 그다지 좋은 사람들이 아니라고 할 수 있습니다.

물론 관성이 좋다는 것은 한편으로는 얼마나 비굴해지느냐, 세인들의 눈칫밥을 먹어야 되느냐 하는 부정적인 요소로 작용할 수 있으나 일반적으로는 사회에서 나의 정체성이 규정되는 성분이기 때문에 윗사람이 특별히 부당하게 대우하지 않았음에도 조금만 자신의 비위에 거슬리거나 이익에 반한다고 해서 갑자기 태도를 바꾸어서 손익에만 급급하다보면 아무런 발전이 없게 되는 것입니다.

저 역시도 서두에서 언급했듯이 관성이 망가지지는 않았으나 워낙 미약하므로 어린 시절 객기를 부린 적이 많았는데 그러다보면 결국은 나만 손해이지 아무런 발전이 없습니다.

이건 다른 의미에서의 이야기이지만 조직이나 이 사회가 부당하다고 느껴진다면 우선은 실력을 연마하고 인내로 때를 기다려야 합니다. 그렇지 않고서 계란으로 바위 치기 해보았자 결국은 자기만 깨져 나갈 뿐입니다.

다들 힘든 시기를 살아가고 있습니다. 이를 악물고 나를 채찍질하며 바른 세상을 꿈꾸며 수양이 필요한 때입니다.

# 47.

## 활인업

　예전에 명리를 본격적으로 공부하기 전에 모 술사에게 들은 이야기로는 당신(비현)은 타협이란 것을 모르는 타입이기 때문에 이런 서비스업(역학)에 어울리지 않는다고 한 적이 있습니다.

　즉 술사로서의 자격 미달이라는 이야기입니다. 이유인즉슨 역학은 어디까지나 자신의 기준에서는 서비스업의 한 형태라고 합니다. 그 당시 문득 들었던 생각이 프로술사라는 사람이 그것도 한 문파에서 공부를 마친 사람이 역학을 서비스업이라고 인식하고 있어서 조금 당혹스러운 감이 없지 않아 있었습니다.

　저는 오래전부터 동양오술은 서비스업이 아니라 활인업이라고 여기고 있었지만 실제로 이것을 직업으로 삼는 사람들조차도 서비스업이라고 생각할 정도면 도대체 무슨 어떤 서비스를 해주라는 것일까요?

　그리고 또 얼마나 무엇을 타협하라는 것일까요? 이 화두를 들고 작년에 직접 사학계에 프로로 데뷔해서 해보니 이제는 왜 서비스업이라 하고, 왜 저보고는 술사로서 어울리지 않는다는 이야기를 하는지 알 것도 같습니다.

우선은 작년에 오셨던 분들의 성향이나 역학에 대해 생각하는 이미지를 보면 그냥 싸구려 점쟁이 수준에 지나지 않았다는 것이고 그렇기 때문에 역학은 학문이 아니라 서비스업이라고 했던 것입니다.

저는 이것을 부인하고 수업 시간이나 상담 시에 하극상을 일삼거나 좋은 게 좋은 것이 아니냐는 식으로 반말을 하면서 예의는커녕 오직 자신의 이익만을 챙기려는 부류들에 대해서 타협을 하지 않고 따끔한 충고와 조언을 아끼지 않은 탓에 작년에 인연이 되었던 몇몇의 사람들은 다른 곳에 가서 제 흉을 보거나 비난을 하고 다니는 것이었습니다.

문제는 스스로들의 치부가 있다 보니 오히려 제 이야기를 하면 할수록 자신들조차 별로 좋은 평가는 받지 못하고 있다는 것을 소문에 의해 듣고 있습니다.

이에 대해서 생각해보니 기본적인 인성도 갖추어지지 않은 사람들에게 타협을 해서라도 먹고 살아야 한다는 이야기인데 그렇습니다, 우리 사회에서 어디 사학계만 그러하겠는지요? 모두가 다 타협을 하면서 사는 것입니다. 더럽고 아니꼬워도 말이지요. 그래서 저를 돌아봤을 때 저 역시 과한 점은 있으니 타협까지는 아니라고 할지라도 어느 정도 이해는 하려고 합니다.

그러나 아무리 그래도 배움을 청하러 온 사람이 선생에게 선생이라 하지 않고 '너네' 거리거나 반말로 시비를 거는 행위는 절대 묵고하지는 않을 생각입니다. 이 정도 예의나 존중도 못 받을 거면 차라리 선생을 그만두는 것이 현명한 판단일 겁니다.

덕분에 활인업에 대한 정의도 다시 한 번 생각해보는 계기가 되었습니다. 사람을 살린다는 것이 예전에는 장수가 나라를 구하기 위해 전쟁에 참여하는 식의 큰 그림만 그리고 있었는데, 왜 옛사람들이 명리학을 두고 활인업이라고 하는지 이 역시 의뢰인들을 상담하면서 어렴풋이 알게 되었습니다.

일종의 이런 것입니다. 원래 저는 남의 사생활이나 부부관계 같은 것에는 별 관심이 없었고 관심을 가져야 할 이유조차도 모르고 있었습니다. 처음에는 대부분 시험 합격이라든지 돈 많이 번다든지 등의 매우 현실적이고 통속적인 상담만이 이루어질 거라고 생각했는데, 부부문제나 연애 문제 등 여러 가지 은밀한 사안도 접할 수가 있었습니다.

그 속에는 평소 부정했던 내용들도 다수 있었고 사회적인 기준에 비추어 볼 때 지탄받아 마땅할 부분도 있었습니다.

문제는 저런 문제들은 어릴 적부터 매우 싫어하고 스스로도 부정하는 것들이었는데 그것이 옳든 그르든 뭐가 되었든 너무 부정하다보면 결국은 내 일이 되어 똑같은 상황에 직면하게 된다는 속설이 마냥 틀리지 않은 것도 체험하게 된 것입니다.

예를 들어 어릴 적 담배 냄새가 너무 싫어서 어른이 되어서 절대 저 사람들처럼 안 될 거야! 라는 부정을 하고 있었는데 지금은 끊은 지 약 7년이 넘었지만 그 전까지는 흡연자이기도 했었습니다.

그러니 모든 것을 너무 확신하는 것도 너무 부정하는 것도 결국은 부메랑이 될지 모르니 이 글을 읽는 분들께서도 극단적인 호불호는 결국 스스로를 가두게 되는 셈이라는 걸 생각을 해보셨으면 합니다.

이렇게 글을 다 쓰고 나니 '활인업'이라는 것은 큰 것만을 구하는 것이 아닌 일상의 소소한 부분까지도 상담해주는 것이고 싫든 좋든 이야기를 경청하고 방법이 있다면 조언을 해주는 것이라는 걸 느끼는 바입니다.

# 48.

## 예의

  '예의禮儀'라는 뜻은 다들 알겠지만 오상五常의 하나로 사전상 '존경과 존중, 배려의 뜻을 표하기 위하여 예로써 나타내는 말투나 몸가짐.'을 말한다고 되어 있습니다.

  누구나 다 아는 뜻이겠지만 새삼스레 간만에 공자왈, 맹자왈 하게 된 것은 최근에 예의 없는 분들이 종종 눈에 띄어서입니다. 예를 들어 이런 것입니다. 온라인이라는 특수성 때문에 서로 얼굴이 보이지 않는다고 말소리나 감정을 알 수가 없다고 하여서 마치 사람이 아닌 가상의 인물로 대하는 분들이 많으신데, 실제로 얼굴 보면서 대화를 나누어도 예의 없이 행동할건지 의아스럽군요.

  즉, 사이버 공간이라고 하여도 엄연히 사람들이 만든 규율과 질서로 인해 운영되는 커뮤니케이션 공간임에도 불구하고 누군가가 누군가에게 인사를 하였다면 글을 보지 않았다면 몰라도 댓글로 인사 해주는 것은 당연한 것입니다.

  물론 그마저도 귀찮을 때도 있습니다만 입장 바꾸어 출석 체크 인사를 했는데 아무도 댓글 하나 달아주지 않으면 굉장히 서먹하고 정이 없는 곳이라고 누구나 생각을 할 것이니 저만의 생각은 아닐 겁니다.

또한 이랬든 저랬든 배움을 청하러 오셔서 질문을 했으면 답변자에게 고맙다든지 잘 보았다든지 그것도 아니면 어떤 말이라도 답변을 해주는 것 또한 너무나 당연한 예의입니다. 만약에 누군가 여러분에게 질문을 해서 답변해 주었는데 아무런 피드백이 없다면 불쾌할거라 생각됩니다.

이뿐만이 아니겠지요? 최근에는 어떻게 제 소문을 듣고 사주상담을 받고 싶다면서 연락을 해왔는데 비용이 얼마냐고 물어보고 대놓고 "와~ 비싸네요. 좀 깎아주세요. 비현님이 사주보면 알겠지만 저 형편 안 좋아요" 라고 말을 합니다. 그래서 "비싸면 그냥 메일 상담이 3만 원이니 그걸로 신청해주십시오"라고 하니 엉뚱하게도 "전화상담은 안 되나요? 꼭 대면 상담만 하나요?"라고 계속해서 깎아달라는 주문이 있어서 "20대 대학생 들도 상담비용 그대로 다 지불하고 간명을 받습니다"라고 하니 그제야 알겠다면서 좀 더 알아보고 연락을 준다고 합니다.

여기에서 이미 마음이 상했으므로 사실 저런 분들을 상담해줄 생각이 아예 없습니다. 분명 공지에도 상담형식과 비용, 절차 등을 명시했음에도 불구하고 어디서 무슨 소문을 듣고 왔는지 마치 자기 자신들은 특혜를 입어야 하는 사람처럼 저를 아무런 지각知覺없는 점쟁이로 몰아가더군요.

그렇다면 20대 대학생들은 돈이 남아돌아서 그 먼 곳에서 서울까지 오며, 용돈이나 알바해서 번 돈을 쪼개어 가면서 상담 받으러 오고, 수업 들으러 오겠는지요?

학생들보다 인생을 더 사신 분들이 참 거시기 하더군요. 이렇게 기본적인 매너, 예의 없는 분들이 사학계와 사이버상에는 넘쳐나고 있습니다. 제 성향을 아시는 분들은 알겠지만

**저는 단순하게 사주의 스킬만을 가르치는 술사가 아닙니다.**

아무리 저보다 나이가 많아도 저보다 높은 위치에 계신 분이라도 기본적인 오상(인의예지신)이 갖추어져 있지 않은 분들은 저와 함께 공부하기가 무척이나 껄끄럽고 고통스러울 것이니 그러한 생각이 든다면 이 카페를 탈퇴할 것은 물론 그냥 일찌감치 명리학 공부는 접는 것이 정신건강에 이로우며 다른 이들에게 민폐를 끼치지 않는 것입니다. 진부한 이야기지만 쉽게 생각하지 마시고 사이버 공간도 사람 사는 세상이며, 조직이며, 하나의 작은 사회, 울타리이니 진지하게 생각하여 주셨으면 합니다.

# 49.

.......................................................

## 청춘青春

**靑春[청춘]**

: 만물(萬物)이 푸른 봄철이라는 뜻으로, ① 십대 후반(後半)에서 이십

대에 걸치는, 인생(人生)의 젊은 나이 ② 또는, 그 시절(時節)

사전을 찾아보니 위와 같이 나옵니다. 명리의 근묘화실로 보자면 묘화

쯤 되려나 모르겠군요? 더욱이나 요즘과 같이 혼인 적령기가 늦어지고

미래가 불투명한 사회에서는 약 40대 초반까지는 그래도 청춘에 속한다

고 보아야 하지 않을까 싶습니다.

갑자기 이런 주제로 글을 올리고 싶었던 이유는 예전의 기억이 떠올라

서입니다. 10대 시절 학교에 잘 적응 못하고 꿈만 원대했던 저는 항상 교

실 창가에 비치는 하늘을 보며 '언제쯤이면 이 지겨운 시간들이 지나갈

까?'라고 되뇌곤 했었습니다.

몇몇 친구들과 어울려 운동장 스탠드에 올라 점심을 먹을 때도, 노을이

지는 운동장 벤치에서도, 항상 지겹고 시간이 더디게만 간다고 생각했었습

니다. 웃음이 나기는 하지만 군대는 말할 것도 없이 그냥 하루가 1년 같고,

2년이 정말 10년 같다고 생각할 정도로 너무나 지겹고 갑갑해서 줄담배를 피며 하늘을 바라보며 시간이 너무나 가지 않는다고 생각했었습니다.

오죽하면 후임들이 100일만 있으면 전역한다고 대신 달력에 체크를 해줄 때도 아무런 관심이 없었고 과연 여기서 살아서 나갈 수는 있을까? 의문을 가질 정도였으니 두말하면 입이 아플 정도로 더디고 지겨운 세월이라 여겼습니다.

그런데 전역을 해서 보니 어느새 나이가 20대 중반을 넘어가고 특히 여자 동창들은 시집을 가서 벌써 아이가 두 명이나 있는 친구도 있었고 사범대를 나와 정교사가 된 사람도 있었습니다. 생각해보니 마치 저 혼자만이 그 아까운 시간을 허비하고 제대로 청춘을 즐기지도, 해놓은 것도 없는 빈털터리가 되었던 것입니다.

그러나 사람들은 네가 아쉬울 게 무엇이 있냐고 저의 겉모습(동안)과 음악을 한다는 이유로 직업도 무엇도 필요 없는 부잣집 철없는 막내아들이나, 돈이나 뿌리고 다니면서 여자애들이나 탐하는 바람둥이 정도로 인식하는 경우가 많았습니다.

여기서 이런 오해를 사는 이유에 대해서 한 번 명리적으로 생각해보았습니다. 겉보기에 잘사는 집안 자식이나 바람둥이로 보이는 것은 천간의 포맷이 '식신생재'를 하고 있기 때문입니다. 즉 내 재주를 부려 재물을 만들어 내는 것이니 저는 남자이니 남명에게 있어서는 재성이 재물과 여자가 되기 때문에 외부적으로 비춰지는, 사람들이 생각하는 저의 이미지는 저렇게 되는 것입니다.

문제는 하늘에 떠 있는 무형의 기운을 실제로 체감하려면 지지에서 받쳐주어야만 가능한 것인데 생뚱맞게 정인(바른 공부, 양심)을 득령하였으니 실제로는 집안에서 공부나 하고 책이나 보고 피아노 연습이나 하는 그런 타입이지, 사람들이 생각하는 것처럼 매일 여자들 품에 빠져서 흥청망청 사는 것과는 너무나 거리가 먼 사람입니다.

타고난 팔자명식이 이러한데 차라리 실제로 사람들이 생각하는 것처럼 여러 여자 만나고 다니고 돈도 많이 만져보았으면 그나마 덜 억울하겠지요. 솔직히 억울한 면이 많습니다.

고로 제 청춘 시절도 그다지 빛을 본 것은 아무것도 없다는 것이 이런 부연설명을 쭉 하게 된 계기가 되었습니다. 물론 아직도 저는 30대로, 청춘에 속하지 않느냐고 반문할 수 있으나 뮤지션을 희망하는 사람들이라면 누구나 20대에 성공하길 원하지 젊음이 시들고 난 뒤에 성공하길 원하는 사람은 아무도 없을 것입니다.

이렇게 글을 쓰다 보니 어떤 젊은 분은 출중한 외모를 가졌음에도 불구하고 병명을 모르는 병 때문에 너무나 아파서 고통스러워합니다. 의학적으로 뭐라고 딱 진단하기 어려운 신경계의 질환인데 저 역시 스무 살 무렵 공장에서 일 하던 때 계단에서 약 60kg에 육박하는 박스를 들고 올라가다 허리를 다쳐 한때 허리디스크로 고생한 적이 있습니다.

그때도 병원에서는 디스크가 맞긴 한데 군대 못갈 정도는 아니라고 했습니다만 군대에 간 후 다리에 마비가 온 적이 있어서 억울하게 고문관 아닌 고문관이 되어 시달리기도 했었습니다. 뭐라고 표현하면 좋을까요? 겉으로 보기에는 멀쩡한데 속에서 마치 벌레 같은 것들이 기어 다니면서 신경을 파먹는 아주 끔찍한 고통이라고 해야 될까요? 아무튼 신경계 질환이라는 것은 그런 것입니다. 차라리 겉으로 보이는 외상이라면 남들도 다 아프겠다고 인정하겠지만 이런 병은 그렇지가 않기 때문에 억울할 수밖에 없습니다.

이렇듯 재능이 있어도 젊은 시절 꽃 피우지 못하고 병마와 가난으로 인해 회재불우한 사람들이 세상에는 알게 모르게 많습니다. 그렇기에 저는 이렇게 이야기를 합니다. 세월은 생각보다 너무나 빨리 지나갑니다. 특히 20대가 꺾이고 나면 그때부터는 나이 먹는 것이 장난이 아닙니다. 이러다 보면 지하철 노약자석에 앉아 있는 노인들이 곧 우리의 미래가 되는 것입니다.

그렇기에 시간은 기다려주지 않으니 조금이라도 청춘이 남아 있을 때 미니스커트를 입고 싶다거나 염색을 해보고 싶다는 등 남 눈치 볼 필요 없이 하고 싶었던 것은 해 볼 필요도 있습니다.

사진 같은 것도 귀찮게 생각하지 말고, 결국 추억밖에 남지 않는 것이니 될 수 있는 한 많이 찍어두라는 것이고, 가보고 싶은 곳, 만나보고 싶은 사람들 만나보고 다 해보라는 것입니다.

물론 어떤 목표나 꿈이 있는 청춘들은 마냥 즐기면서 살라는 것이 아닙니다. 일반적인 격언인 공부할 때는 공부하고 놀 때는 제대로 놀면 되는 것입니다. 인생은 무한하지 않고 유한한 것입니다. 생각보다 짧습니다. 여러분의 청춘이 모두 사라지기 전에 사랑하고, 존중하고, 좋은 추억들을 많이 만들어 놓고 아름답게 이 세상을 떠나길 기원하며.

# 50.

# 명리학은
# 무속이 아니다

가끔씩 상담을 하다보면 빨리 빨리 봐달라면서 한 해의 운세는 물론 그 다음 해, 또 그 다음 해, 대운, 총운마저도 짧은 시간 안에 모두 다 봐달라는 분들이 있습니다. 아마도 명리학이라고 하면 무슨 신내림을 받아서 점을 보는 것으로 알고 있는 분들이라 생각하는데 사주원국은 물론 한 해 운을 간명하는 것도 결코 쉬운 일이 아닙니다.

이 말은 그냥 단순하게 한자로 이루어진 여덟 글자만을 보고 쉽게 통변을 하는 것으로 알고 있으나 사실은 한 가지 사안을 예단하기 위해서 몇 초 또는 몇 분 안에 술사의 머릿속에서는 엄청난 연산이 이루어지고 있습니다. 왜냐면 체용문제와 각종 변수까지 고려해야 하기 때문입니다.

그렇기 때문에 가끔은 술사들이 시원시원하게 쉽게 통변을 해서 명리학은 별로 어렵지 않은 학문이라고 생각하여 수업에 들어왔다 하나같이 하는 말씀이 "왜 연산이라고 표현하시는지 이제야 알겠다"며 거의 헌법 공부나 고급수학을 하는 것처럼 매우 빡센 공부라는 것을 깨닫고 혀를 내두르다 못해 존경심마저 가지는 경우도 있습니다.

실제로 법조계에 계신 분들 중 명리학에 조예가 깊으신 분들이 많은 것을 보면 영 틀린 말은 아닐 겁니다. 거기다 술사도 사람인지라 컨디션, 운의 영향, 의뢰인과의 코드 등 모든 박자가 잘 맞아 떨어져야 비로소 둘 다 만족스러운 상담이 이루어지는 것입니다.

그저 요행만을 바라고 '내가 돈 줬으니까 어디 한 번 맞추어봐라'라든지 '돈 줬으니까 다 구체적으로 알려주어야 하는 것 아니냐'는 식으로 카운슬러를 몰아세울 생각을 가지신 분들은 명리학의 교양지식이 매우 부족하니 차라리 앞으로는 사주간명을 받지 마시고 요행을 바라지 말고 겸손한 마음으로 목표를 향하여 노력하고 인생을 사는 것이 정신건강에 이로울 테니 참고하셨으면 합니다.

# 51.

## 상처

오늘은 의미심장한 주제인 '상처'로 새벽을 열려고 합니다. 이해를 돕기 위해서는 역시나 여러 가지 일화가 필요하니 한두 개 정도만 우선은 언급해보도록 하겠습니다.

멀리 찾을 필요 없이 제 이야기를 하자면 앞전에도 말씀드렸듯이 저는 천간이 '식신생재' 하는 타입이라 이것을 일컬어 보통 명리에서는 부자의 명식이라고 이야기를 합니다.

그러나 아무리 천간이 아름다운 모습을 하고 있어도 지지의 상황이 천간을 보조하지 않으면 말짱 도루묵이 되어 위와 같은 경우는 겉보기에만 멀쩡하지 실제로는 부자는커녕 빈곤에 시달리며 살아가게 됩니다.

그렇기에 저는 어린 시절 몇 번 그러한 상처도 있습니다. 한 번은 나름 친하다고 생각하는 친구가 우리 집에 놀러온다고 해서 흔쾌히 수락하여 데리고 왔더니 집 앞에 와서는 깜짝 놀라면서 "에… 야! 너 일부러 너희 집에 데려가기 싫으니까 거짓말 하는 거 아니냐? 이게 진짜 너희 집이냐?"라고 하여 저는 진짜 우리 집이라고 했습니다.

사실 저는 그때까지도 한 번도 가난하다는 것이 죄이며 부끄럽다고 생각한 적이 없었습니다만 친하다고 생각하는 친구가 집 앞 대문에서 그런 말을 하니 정말 어이없고 얄미웠던 적이 있었습니다. 그 친구의 말로는 제가 겉보기에 멀쩡하게 생겨서 집이 웬만큼 사는 부잣집 아들이라고 생각했다고 합니다. 후에 성인이 되어서 이 이야기를 녀석에게 들려주니 전혀 기억에 없다고 했습니다. 그야말로 무심코 던진 돌에 개구리가 죽는다고 보통의 사람이란 남에게 쉽게 상처를 주는 존재라 할 수 있습니다.

이 밖에도 알게 모르게 상처를 받은 것은 수없이 많습니다. 외향 때문에 생긴 또 다른 일화가 있다면 대학시절 동기들이 점심이나 저녁을 먹으러 가자고 하면 항상 같이 가지 않아서 오해를 받은 일입니다. 학교를 재수한 탓에 특히나 나이 어린 급우들이 '저 형은 집도 잘 사는 사람이 왜 매일 돈을 저렇게도 아낀대?'라는 소문과 함께, 나이 먹었으면 한 턱 좀 쏠 것이지 밥은 항상 혼자서 해결하는 것 같다면서 저에 대한 이상한 불평불만이 나오기도 했습니다.

솔직히 이제와 이야기하자면 돈이 없어서 수돗가에서 수돗물로 배를 채우고 혼자서 연습실에서 피아노 연습을 하였던 것인데 제 뜻과는 상관없이 사람 하나 바보 만드는 것은 시간문제라는 생각이 듭니다. 그만큼 우리 사회가 물질만능주의, 루키즘 등의 폐해가 심각하다고 할 수 있겠습니다.

이렇듯 어릴 적부터 상처라면 저 역시 진저리가 나며, 이미 보통의 인간들이 수용할 수 있는 한계점을 오래전에 초과한 사람이기도 합니다.

이런 점 때문에 이미 일찌감치 오래살고 싶다는 생각이 사라졌고 모든 것이 허무하고 삶의 별 의미를 부여하고 싶지 않는 냉소적이고 허무주의적인 관념 또한 자리 잡게 되었는데, 묘하게도 항상 모든 것이 사라졌다고 생각할 때마다 가슴 한편으로 간직한 꿈은 여전히 살아있기 때문에 다시 털고 살아갈 수가 있었던 거라고 여기고 있습니다.

아마도 제 글을 통해 회원이나 수강생, 제자가 되시는 분들도 유유상종이라 저 같이 상처가 많거나 상처가 깊은 분들이 많을 거라 생각하고 있습니다.

쉽게 꺼낼 수 없는 개인사이지만 혹시나 저처럼 힘들어하시는 분들을 위해 그나마 제가 이 세상을 살아가는 방법을 하나 이야기 했습니다. 여러분도 아무리 힘들어도 포기할 수 없는 그 어떤 것 한 가지는 항상 잊지 말고 따뜻하게 키워나간다면 험한 세상일지라도 그나마 견딜만할 거라 여기고 있습니다.

진부한 말이지만 희망을 가지고 진취적으로 살아가길 기원합니다.

# 52.

## 특권의식

    분명 제 카페의 성격은 일반적인 점집이나 철학관이 아니고 저의 본업은 뮤지션이며, 현재는 그냥 평범한 직장생활을 하는 사람이라고 밝혔습니다만 상담을 요청하는 일부 젊은 분들에게 솔직히 실망입니다.

    전화를 해놓고는 보아하니 엄청 동안에 자기보다 나이가 어려 보이는데 너무 비싸다면서 돈을 깎아달라고 하여서 나이가 몇 살 이냐고 물어보니 저보다 실제로 두 살 정도 어린 의뢰인이었습니다. 이번에는 "에이 그럼 사정 뻔히 알 것 아니냐?"면서 같이 나이 먹어 가는 입장인데 또 깎아달라고 애원을 했습니다.

    그리고는 상담을 해주면서 사주원국의 숙명적인 특성상 눈이 많이 높으니 공기업이나 대기업 위주보다는 본인의 적성을 살려 눈을 낮추고 우선은 취업을 먼저 하는 쪽으로 가닥을 잡으면 적어도 취업은 가능하겠다고 하니 자신의 수준이 있지 무슨 다른 것을 하라고 강요하느냐면서 달려듭니다.

    공기업이나 대기업에 취직하겠다는 사람이 다른 사람의 말을 귀담아들을 생각도 없이 욕심만 가득한 채 우선은 취업하고 보자는 식인데, 미안하지만 그런 마음가짐이라면 설사 당신이 원하는 곳에 취업해도 얼마 안 가서 잘릴 것은 뻔합니다.

또한 거리에서 열심히 청소하시는 미화원이나 재활센터에서 간호해주시는 분들, 기타 이런 3D 업종에 종사하는 분들을 하찮은 인간 마냥 무시하는 경향이 강한데 정신 차리십시오. 제가 보기에는 그분들이 당신의 알량한 사고방식보다는 훨씬 인생을 가치 있고 보람 있게 사는 것으로 보입니다.

명리학에서도 직업의 귀천이 문제가 아니라 사람의 의식세계가 어떠하냐에 따라 결국은 상중하 격이 정해지는 것이지 무슨 누가 의사고 무슨 기업의 사장이니 정치인이니 해서 그 사람의 격이 높고 고귀하다는 것은 없습니다.

정치하는 사람의 격이 그렇게 맑고 고귀하다면 우리 대한민국 국민들이 왜 이렇게 살겠는지요? 이것을 두고 명리에서는 '귀격탁명' 또는 '부격천명'이라고 하여 비록 자리는 높은 곳에 오를지라도 그 내용은 사실상 천격이라는 것입니다.


인생이란 결국 자신이 그렇게 했으니 그렇게 사는 것이지 결론적으로 '누가 나를 이렇게 만들고 나는 아무런 잘못이 없는데 이렇게 힘들다'라는 것은 없습니다.

일부일지, 아니면 꽤 그럴지 모르지만 젊은 분들께서는 뭔가를 탓하기전에 우선은 자신을 돌아보고 자신의 진정성은 무엇이며 무엇을 하고자하는지, 나중에 죽어 눈 감을 때 어떠한 인생으로 마무리되길 원하는지를 자아성찰 해보시길 바랍니다.

당장의 눈앞에 이익이나 자리가 인생의 모든 것이 아닙니다. 유한한 인생을 조금이라도 가치 있고 보람되게 살아갔으면 합니다.

# 53.

## 인과의 오해

인과라는 것은 과거에 자기 자신이 그렇게 했기에 지금 이렇게 받는 것이다, 라는 개념인데 이 의미에 대해서 오해를 하는 분들이 많은 것 같아서 말씀 드리고 싶었습니다.

흔히 팔자라는 운명이 있다는 숙명론을 인정하는 분들은 원래 그렇게 타고 났으니 어쩔 수 없다고 생각을 하는 경향이 있습니다. 그러나 제가 연구해 본 바로는 그것이 선업이든 악업이든 어디까지나 자기 자신이 선택을 하였기에 지금의 결과가 나온 것이니 악업을 지어놓고도 팔자 탓으로만 돌리고 이미 정해져 있는 상황이니 어쩔 수 없지 않느냐면서 합리화시키는 것은 명학에 대한 바른 인식이라 할 수는 없습니다.

물론 사람이란 누구나 실수하고 고의로 잘못도 하는 존재입니다만, 숙명론에 치우쳐서 악업도 이미 팔자에 정해져 있는 것이니 아무런 잘못이 아니라고 하는 것은 자기합리화와 핑계에 속하는 일이므로 인과의 법칙을 잘못 인식한 경우라 할 수 있습니다.

밤늦게 갑자기 이런 생각이 든 것은 그 어떤 일이라도 시초는 결국 나의 자유의지와 선택으로 인해 스스로 지은 것이지 그 누가 대신한 것도 아니요, 팔자라는 보이지 않는 불공평함이 만들어 낸 것이 아닌 스스로 그렇게 하였기에 이렇게 사는 것이지 그 이상, 그 이하의 의미는 아닐 것입니다.

부디 바른 혜안으로 명리를 득하시길 기원합니다.

# 54.

## 우리가
## 명학을 공부하는 이유

누군가 비현은 팔자를 예단으로 끝내는 게 아니라 거기에 맞추어서 살려는 것이 아니냐는 우려의 말씀을 하더군요. 의미상으로는 노력이나 운명을 개척하려는 의지 없이 살려고 하는 것 아니냐는 고마운 말씀으로 알아들었습니다만 맞추어서 살려는 것이 아니라, 명리학命理學이란 삶의 이치를 다루는 학문으로서 크게 두 가지의 기능이 있다고 앞서 언급한 적이 있습니다.

하나는 인격수양이고 하나는 앞일을 예단하여 삶의 진퇴를 알기 위함입니다. 어떻게 보면 다른 기능 같지만 이나 저나 크게 다른 것은 없겠습니다. 고로 옛 성현의 말씀에도 '순천자 흥하고 역천자는 망한다'고 했으니 명命을 알고 그에 맞게 순응하면서 사는 것이 군자의 도리라 할 수가 있겠습니다. 물론 제가 군자라는 것이 아니라 사람으로서의 이상향을 말하는 것이니 오해는 없었으면 합니다.

아무튼 예를 들어 올 초, 저는 미약하나 근묘화실과 대운의 타이밍상 관운(직장운 또는 조직결성운)이 들어와 취업을 해야 될지 조직을 만들어야 할지 심각하게 고민을 했습니다. 결국은 재성(결과)마저도 너무나 미약하고 인덕이 아직까지는 인망을 얻기는 어려운 시기라는 판단 아래 박봉이지만 그나마 안정적으로 급여가 나오는 직장으로 관운을 선택하게 된 것입니다.

고로 명식을 통해 자신이 어떠한 사람인지를 우선적으로 알아야 하고, 바르게 예단하여 삶의 진퇴를 가린 뒤 언제쯤이면 나설지 말아야 할지를 알고 어떤 준비를 해야 할지를 가늠하는 것이 우리가 결국에는 명학을 공부하는 이유가 아닌가 하는 생각이 듭니다.

여기서 타고난 명이 정해진 것은 분명 숙명적인 부분으로 우리가 부모를 선택해서 태어나지 않은 것이니 부정할 수는 없겠습니다만, 삶의 패턴이 어떤 식으로 흘러가는지 알 수가 있다면 절대 바뀌지 않는 것은 아닙니다.


다만 그러기 위해서는 반드시 자신의 명을 알아야 하고(명리를 몰라도 자신이 어떤 사람인지 알고) 그에 맞는 충분한 노력과 의지가 있어야만 운이라는 흐름도 변하지 않을까 생각해봅니다.

# 55.

## 성평합참 星平合參

    자평명리학과 자미두수를 겸간하는 방법을 각 명학의 핵심 글자를 따서 '성평합참'이라고 합니다. 이러한 명학의 양대 산맥이라 할 수 있는 자평명리학과 자미두수를 겸간하는 방법을 투파, 일명 '명징파'라는 곳에서 동양오술의 학술체계를 세운 뒤 세간에 소개가 되었다고 알고 있습니다만 지금까지의 사실 여부가 그렇다는 것이지 역사라는 것이 또 유물을 찾다보면 다른 이야기가 나올 수 있습니다. 아무튼 저는 성평합참의 유래가 이렇다고 알고 있습니다.

    여기서 중요한 것은 명리학은 태양력의 절기를 중요시하였고 자미는 태음력을 중요시하였기 때문에 제가 공부해 본 바로는 명리학은 거시적이고 보편적인 사안들을 간명하기에 적합하고陽, 자미의 경우는 세부적이고 음밀한 사안들을 간명하기에 적합陰하다는 판단을 하고 있습니다.

    그런데 작년부터 자미두수를 대체할 만한 명학을 발견해서 사실 명리학 ZERO에서는 성평합참에서 제외시킬 생각이었습니다만, 자미를 대체할 새로운 음의 학문을 가르쳐 줄 선생께서 개인적인 일정이 바쁘기 때문에 언제 여러분에게 제대로 된 성평합참을 보여드릴 수 있을지 저로서도 지금은 예상하기가 어렵군요.

그렇기에 현재로써는 제가 그나마 공부하고 있었던 성평합참으로 북파 자미두수의 관법을 알고 있어 한번쯤은 맛보기로 소개하고 싶었으니 아래 내용을 보면 재미가 있을 겁니다.

우선 자평명리학에서 저의 제자에 해당하는 육신은 식신에 해당하는데 조상궁에 간여지동의 12운성상 건록에 해당합니다. 이렇게 되면 기본적인 통변이 제자 되시는 분들의 성향은 조숙하고 사회적으로 웬만큼 중산층 이상의, 품위 있는 사람들이 제자 중에 많다고 이야기할 수 있습니다.

그러나 일간과는 무정하게 멀리 떨어져 있으므로 언제나 자주 교류하기는 힘들고 뭔가 행사가 있거나 대의나 목적이 분명할 때 가끔 모이는 사제지간이 된다고도 볼 수 있으며, 사신형살도 살짝 동하고 있으므로 가끔은 저를 곤경에 빠트리고 배신하는 사람도 있으니 길흉이 반반이라고 결과적으로 통변하게 됩니다.

그럼 북파 자미두수식으로 제자에 해당하는 궁은 노복궁이 되므로 이 궁을 자세하게 살피면 어떤 사람들이 제자인지 알 수가 있습니다.

| 天相平 | 天巫 | | 劫煞 |
| 地空廟 | 天傷 | | 大耗 |
| 地劫閑 | 天德 | | 天德 |
| 天姚平 | | | |
| | | | |
| 辛巳: 奴僕 | | | 官 |

위의 자미두수 명반 중 신사 옆에 '노복奴僕'이라는 한자가 보이시죠? 고로 저 궁이 바로 제자에 해당하는 노복궁이 되겠습니다. 노복궁에 여러 가지 별들이 쭉 있는데 '하늘 천天' 자가 무려 여섯 개나 되는 것을 보니 뭔가 심상치 않은 제자들이라는 것이 느껴집니다. 농담이고요, 우선 노복궁에 천상이라는 별이 주성으로 있으니 이것을 리딩하면 천상이라는 별은 믿음직스러운 충신과 같은 별입니다. 노복궁이 그렇지 않아도 제자와 관련된 궁인데 그 궁에 충신의 별이 있다는 것은 역시나 위에서 본 명리처럼 저에게 있어서는 기본적으로 '덕이 되는 제자님'들이라는 뜻이 됩니다.

현대적인 의미로 보자면 '마니아층이 형성된다.'라는 의미도 부여할 수 있습니다. 그리고 천상 옆에 '평平'이라는 글자는 별의 밝기가 약간 어두운 것을 의미하므로 그럭저럭 먹고 살만한 중산층 계열이라고 볼 수가 있겠습니다. 그러나 아래 붉은 글자로 지공地空, 지겁地劫이라는 공망성들이 있으므로 마치 명리의 공망과 같은 역할을 하므로 가끔은 제 뒤통수를 치고 구설을 불러일으키는 허망한 사람들도 있음을 의미합니다.

끝으로 제일 밑에 있는 '천요天姚'라는 글자는 일종의 명리의 도화와 같은 별이라 볼 수 있습니다. 한마디로 기본적으로 외모가 **빼**어난 사람들이 제자들 중에 있다는 이야기입니다. 근데 저의 명리에서의 식상(제자)은 생지이므로 도화가 아닙니다만 자미에서는 도화와 관련된 제자라는 점에서 이채롭습니다. 이것은 아무래도 명리에서는 간지로 간여지동으로 중화에 해당하는 글자이며 식상(제 입장에서는 재주, 표현)이 되기도 하니 뽐낸다는 의미도 되므로 자미에서는 도화성으로 나타낸 게 아닌가 싶습니다.

어떤가요? 기본적으로는 명리와 비슷하게 육신의 의미가 상통한다는 것을 알 수가 있을 겁니다. 앞으로 정진하여 더 재미있는 성평합참의 실전술기를 소개해 드리기로 하며 이만 글을 줄입니다.

# 56.

## 부메랑

어린 시절부터 위인이나 영웅들의 이야기를 줄곧 좋아해왔고 만화도 권선징악이 장쾌한 작품들을 좋아하곤 했었지요. 그리고는 항상 우리 초등학교 맞은편에 있는 절을 보며 늠름한 나무들이 **빽빽**하게 들어서 있는 것을 보고는 나도 언젠가는 저렇게 되리라고 맹세를 했었습니다. 반면 담배 피는 어른들이나 술 마시는 어른들을 보고 나쁜 사람이라고 생각했고 나는 저렇게 안 될 거라고 다짐을 했었던 적이 있었습니다.

이렇게 교과서에서만 배웠던 도덕이라는 것이 실제 나이가 들고 사회에 나와 보니 생각보다 실천하는 것이 쉽지가 않다는 것을 알았고 일부 내가 철썩 같이 믿고 있었던 '선善'이라는 개념도 모두에게 공평하게 적용이 되는 선이 아니라 나를 위한, 나만을 위한, 나의 기준에서의 선이라는 것도 어렴풋이 알 수 있었습니다.

지금 생각해보면 참 앞뒤 꽉 막힌 인사가 아니었나? 라는 생각에 웃음이 나기도 하는데, 요즘에도 회사생활이나 다른 인터넷 카페를 드나들면 자기 자신이 알고 있는 것만이 전부이고 선이라고 생각하는 사람들과 또 그것이 진짜 선이라고 가르치는 선생들을 보면서 다시 한 번 선이란 무엇인지 고찰하게 됩니다.

저의 경우는 적어도 남에게 큰 폐를 끼치지 않는다면 그것만으로 이제는 족하다고 생각하고 있습니다. 완벽한 것은 처음부터 없었고 이미 그 자체로 충분하다는 생각입니다.

고로 오늘의 친구가 내일의 적이 되고 오늘의 적이 내일의 친구가 되는 것처럼 모든 것은 반복되는 것이니 너무 미워할 필요도, 너무 부러워할 필요도, 너무 슬퍼할 필요도, 너무 즐거워할 필요는 없겠습니다.

오늘 누군가를 향해 자신이 악이라고 손가락질 했던 것이 언젠가는 자신의 손을 보며 부끄러워하는 날이 올지도 모르니 흑백논리 이분법만이 이 세상에 존재하는 것이 아닌 중용의 도道가 있음을 우리는 되새겨 볼 필요가 있겠습니다.

# 57.

## 상극하,
## 하극상

얼마 전까지만 해도 메시아라며, 재림한 신이라고 떠들어대던 사람들이 오늘은 각자의 블로그를 가보니 언제 그랬냐 하듯이 그에 대한 말 한마디 없이 관련 글들을 다 지워버렸더군요.

그분들 중에는 우리 사회에서 꽤 높은 지위나 학력을 가진 사람들도 있었고 글을 잘 쓰는 재주가 좋은 사람들도 있었습니다.

보고 있으니 명학계도 역시나 그런 비슷한 일들이 많다는 생각이 들었습니다. 한때 자신들의 관법이나 선생이 최고라면서 이리저리 돌아다니면서 옛 고서에 다 나오는 내용인데 그것도 몰랐냐면서 비아냥거리는 사람도 있고 참으로 골 때리는 광경이었는데 시간이 지나고 난 뒤 진가가 가려지니 역시나 언제 그랬냐 하듯이 사라져 버렸습니다.

맹신, 과신이 다시 한 번 무섭다는 걸 느끼고 어리석은 선택이라는 생각이 들었습니다. 제자와 신도들, 부하직원들을 철저히 자신의 비즈니스에 이용만 하려고 했던 리더나 그런 리더가 잘못되어가고 있어도 바른 길을 직언하지 않고 맹신으로 추종만 하려는 사람들.

누가 더 낫고 누가 덜할 것도 없다는 생각이 들었습니다. 옛 책에는 선도 악도 하늘이 가르치기 위해서 내었다고 하던데 그 역할은 자유롭게 선택했던 것인지 내가 나비이고 나비가 나인지 알 수 없는 무한의 세계가 잠깐 동안 오늘 하루를 심각하게 조롱하는군요.

강의록 집필하다 보니 정신이 살짝 맛이 갔나 봅니다.

# 58.

## 호칭 예절

처음 사학계에 본격적으로 발을 디딜 무렵 당시까지만 해도 사주를 간명하거나 강의하는 사람들을 뭐라고 호칭해야 되는지 몰라서 젊은 분에게 사주상담을 할 때는 그냥 누구누구님 또는 나이가 몇 살 많으니 형님 또는 누님이라고 호칭한 적이 있습니다.

이 일을 두고 오랫동안 사주카페를 전전했다는 점쟁이는 저를 보고 매우 4가지가 없고 마음에 들지 않는다면서 비난을 퍼부었던 적이 있었습니다. 그러고 나서야 이것도 하나의 학문이고, 그리고 강단에 서서 강의를 하는 사람들도 있으니 호칭을 마땅히 '선생님'이라고 불러야 한다는 것도 알게 되었습니다.

그래서 본의 아니게 전혀 몰랐고, 앞으로는 시정할 테니 넓은 마음으로 넘어가주었으면 했습니다만 그 뒤로도 몇몇 나이가 많고 처음부터 탐탁지 않게 생각한 사람들은 이 역시 본의 아니게 앙금이 남아있는 것으로 알고 있습니다. 선배로서 후배를 지도해준다는 것이 과연 진정성을 가지고 한 것인지 아니면 그저 젊은 후배가 튄다는 생각에 그런 것인지는 알수가 없습니다만, 개인적으로 그분들에 대해서는 저는 각자 가는 길이 다르니 아무런 미움도 무엇도 없기 때문에 적어도 다음에 한 번 지나가다 만날 일이 있으면 서로 안부나 묻고 악한 말을 주고받는 일이 없었으면 좋겠다는 생각이 듭니다.

그렇게 저 역시 처음에는 아무것도 몰랐기 때문에 호칭에 대한 실수를 한 적이 있는데 역시나 부메랑인지 본격적으로 제가 현업으로 명리라는 학문으로 강단에도 서고 상담을 하다보면 나이가 어리거나 젊은 분들은 몰라서 호칭에 대한 예절을 모르는 경우가 많고 나이가 있는 분들은 자존심 또는 아직까지 선생이라고 부를 만한 무엇인가를 못 느끼기 때문에 그런 경우가 많았습니다.


여기서 제일 걸림이 되었던 것은 알고 있으면서 상황에 따라 "님"이라고 했다가 "선생님"이라고 했다가 "저기요"라고 하면서 호칭을 이리저리 요리조리 바꾸는 분들입니다. 이런 모습을 보고 있으면 상담을 해주거나 강의를 해주는 제 입장에서는 당연히 성심성의껏 상담을 해주거나 알려주고 싶어도 예의가 없는 이상한 사람이라고 생각하는 것이 당연한 겁니다.

이를 두고 저는 진정성에 대한 문제라고 생각하고 있습니다. 진정으로 자기 자신도 대우나 예우를 받고 싶은 사람은 상대방도 존중하고 배려하기 때문에 말을 함부로 하지 않고 호칭 예절도 밝습니다만, 그렇지 못하고 쓸데없는 자존심으로 인해 사람을 대하는 사람은 장담하건대 평생 다른 사람도 자신을 호칭하는 것이 자신의 기대에 못 미치는 현상으로 드러나게 될 것입니다.

한마디로 역지사지로 자신이 대우받고 싶으면 자기 자신도 상대방을 존중하라는 것이니 일면 쉬우면서도 마음 한 자락에 남아있는 쓸데없는 그 무엇인가가 문제가 되는 것이지요.

글을 쭉 쓰다 보니 어떤 분의 말씀이 떠오르는데, 요즘 제도권의 교사들도 아이들로부터 선생 취급 못 받은 지 오래인데 명리학은 당연한 거 아니냐면서 신경 쓰지 말라는 위로 아닌 위로를 받은 적이 있습니다. 위로는 고맙습니다만 선생 취급 못 받은 짓을 해서 아이들로부터 외면 받는 것과 이제 겨우 시작한 저를 비교한다는 것은 무리가 있는 발언입니다.

앞전에도 말씀드렸듯이 스승님도 아니고 선생님 정도의 호칭도 못 받을 만한 위인이라면 명리고 나발이고 그냥 그만두는 것이 서로를 위해 오히려 낫다고 할 수 있습니다. 즉 공교육이든 사교육이든 뭐든 간에 교육과 관련되어 자신의 직업에 맞는 호칭도 못 들을 정도면 이쪽과는 인연이 없는 것이니 억지로 할 것이 아니라 빨리 접고 다른 것으로 직업을 바꾸는 것이 훨씬 현명하고 서로를 위해 좋다는 이야기입니다.


끝으로 우리는 명학을 통해 자신이 어떠한 사람인지를 아는 것이 가장 중요한 것이지 언제 합격하고 언제 취업하고 이런 것은 그 뒤에 알아도 늦지 않은 것입니다.

진정성! 앞으로 다가오게 될 새로운 시대의 가장 중요한 화두가 될 것입니다.

# 59.

## 아이디와
## 호에 대해서

요즘 제 카페에 가입하는 분들을 보면 참 다양하고 특이한 아이디를 쓰고 있는 경우가 많습니다. 제 입장에서는 다양한 분들이 가입하니 일단은 환영입니다만 간혹 스스로 운이 좋지 않음을 반영한 아이디나 호를 쓰는 분들이 있습니다.

본론으로 들어가 일반 사람들은 무엇을 써도 상관없으나 적어도 다른 이의 인생을 상담해주는 명학도들은 함부로 아이디나 호를 쓰면 안 된다는 것이 본 관법의 원칙입니다.

지금은 제가 정식으로 학회를 창설하여 제자님들에게 호를 정해주지 않았지만 훗날 학회를 창설하고 난 뒤 각자의 명식에 맞게 호를 지어 줄 생각입니다. 아직 개인적인 공부 및 급한 일들이 많기 때문에 그냥 넘어가고 있으나 아무리 생각하여도 사용해서는 안 될 아이디와 호를 쓰는 분들이 많기 때문에 알려드리는 것이니 알아두셨으면 합니다.

예를 들어 '개똥이 엄마, 좋은 사람, 동네 총각, ABC…… 등 이런 식의 지저분한 이름이거나 별 의미가 없는 아이디를 쓰지 않는 것이 좋습니다.

무엇보다도 제일 거시기한 아이디는 '무림선생'이나 '빅 보스' 같은 경우입니다. 이러한 아이디나 호를 쓰는 것을 자제하는 것이 좋습니다.

물론 그렇게 되고 싶다는 희망에서 쓴다는 것은 이해가 갑니다만 오랫동안 공부하신 분들이나 제 입장에서는 넘치는 기국(그릇)이라고 생각되기 때문에 뭔가를 알려준다든지 뭔가를 조언해주고 싶다든지 하는 마음이 생기지 않습니다.

오히려 거북함이 들지 않으면 그나마 다행입니다만 우리가 무심코 짓는 아이디나 호를 보면 현재 그 사람의 심리나 환경, 운運을 반영하는 경우가 대부분이니 함부로 아무거나 쓰지 말고 신중히 할 필요가 있습니다.

이름을 부른다는 것은 아무것도 아닌 것 같지만 그 속에는 파동이 있고 기氣라는 것이 있습니다. 고로 위도 살피고 아래도 살핀 가운데 적당한 아이디와 호를 지어서 훗날 저와 인연되는 분들은 사제지간이 되면 윗사람으로부터 명식에 어울리는 호를 받는 것이 이름을 제대로 쓰는 것이니, 현재 자신의 아이디나 호가 넘치거나 부족하다고 생각하는 분들은 누구나 공감할 수 있는 적당한 아이디나 호로 바꾸어서 활동하기를 권장하는 바입니다.

아무것도 아닌 것 같지만 개인적으로 경험해 본 바에 의하면 상당히 운에 영향을 줄만한 요소가 크므로 저의 제안을 허투루 듣지 말고 다들 아름다운 한글이나 적당한 한자식 아이디나 호로 바꾸어 밝게 활동하기를 바랍니다.

# 60.

## 타 관법을
## 배척하는 이유?

제목만 보면 딱 오해하기 좋은데 왠지 저렇게 적고 싶었습니다. 다름이 아니라 명리학에 대해서 일반적으로 오해하는 부분이 있는 것 같아서 오늘은 저런 주제로 이야기해볼까 합니다.

명리학은 천간, 지지 스물두 글자 밖에 없어서 사실 이 학회나 저 학회나 이 사람이나 저 사람이나 다 같은 관법(사주를 간명하는 각자의 고유한 방식)이거나 비슷하지 않을까 생각하는 학습자들이나 일반인들이 많이 계신데요, 결론부터 말씀드리면 매우 다르다고 볼 수 있습니다.

우선은 강단학파(이론 위주)나 강호학파(실전임상 위주)로 나누어지고 그 속에서도 각자 추구하는 방향에 따라 사주를 간명하는 방식이 매우 다르다고 할 수 있습니다.

예를 들어 한중일은 같은 한자를 쓰는 국가이지만 알다시피 중국과 일본은 현대로 와서 개량된 한자를 쓰고, 한국은 옛 한자 그대로 쓰고 있습니다. 또한 한자라는 공통분모가 있는 반면 표현방식이나 회화 등은 완전히 틀리니 결국 다른 언어인 것입니다.

또 다른 예를 들면 컴퓨터 프로그래밍 언어로 JAVA가 있다면 COBOL도 있는데 대부분의 프로그래밍 언어는 영자로 되었다는 것이 공통분모이나 실제로 프로그램을 만드는 방식은 각 언어마다 모두 다르니 결국은 다른 언어가 되는 것이지 같은 기술이라 할 수가 없으며, A라는 언어를 한 사람이 그쪽에서 경력이 있다고 해서 B쪽으로 가면 똑같은 경력으로 인정하지 않고 처음부터 다시 사원으로 시작하는 경우가 많습니다.

그렇기 때문에 명리학도 천간지지 22글자라는 공통분모가 있으나 결과적으로 간명하는 방법이 매우 다르다 할 수 있습니다. 그런 이유로 다른 곳에서 공부를 했어도 다시 기초로 돌아가 본 관법(일명 ZERO 관법)을 공부하는 경우가, 대부분이 아니라 지금까지는 100% 그러했습니다.

또한 본 관법과 너무 다르기 때문에 타 관법에 대해서는 질문 자체를 받지 않으며, 답변을 하지 않는 것입니다. 만약 다른 곳에서 공부한 내용이 궁금한 분들은 그쪽에 가서 물어보는 것이 가장 빠른 지름길이며, 합리적이고 타당한 것이지 제가 발표한 학문도 아니고, 제가 알지도 못하는 이론을 이야기해 보았자 제가 답변을 할 수가 없습니다.

날씨가 매우 추워지는군요. 다들 건강하시길 바라며 이만 글을 줄입니다.

| Chapter 2 |

# 2014년도
# 2년차 논문

# 1.

## 사주는
## 엉터리예요

   사주가 엉터리라고 생각하는 분들을 보면 대부분 사주가 미신이라고 생각하는 경향이 팽배합니다. 즉 이 말은 눈에 보이는 사실이나 뭔가 만져지는 물질의 개념이 아니면 인정하지 않는다는 이야기이기도 합니다.

   다 맞는 말입니다. 눈에 보이지도 않는데 무엇을 믿고 신뢰를 하겠는지요? 그래서 신뢰를 얻기 위한 잣대로 보통 사람들은 점을 보는 사람들에게 10개 중 7개 정도를 맞추어주기를 원하고 그 이상 맞추면 도사이고 그 이하로 맞추면 실력이 없거나 사이비라고 생각하는 이상한 잣대를 들이대는 실정입니다.

   이것을 두고 또 어떤 이는 A라는 사람이 거의 다 맞추었다고 실력이 있다고 하고, 어떤 이는 '에이, 무슨 소리인교? 내가 가보니 하나도 못 맞추더만.'이라고 애써 부정하려고 합니다. 이야기를 들어보면 같은 술사에게 간명 받아도 사람마다 결과가 다르다는 것인데 그럼 도대체 무엇을 기준으로 실력이 있냐 없냐, 사주가 맞냐, 안 맞냐를 구분할까요?

   이런 진지한 생각을 해보신 분들이 있는지 모르겠지만 다른 것은 아직 잘 모르겠고 사주가 학문이라고 주장하여도 아직까지는 제도권의 어떤 대학에서도 제가 알기로는 정규학부가 없고 학문으로 인정을 못 받으니 아무리 실력이 어쩌고저쩌고 해도 소용이 없다는 것과 설사 제도권으로 인정받고 있는 것들도 자격증(면허증)만 가지고 있을 뿐 실력이 없는 사람들이 천지라는 것입니다.

멀리 찾지 않아도 각자 나왔던 학교 교사들을 보았을 때 정말 열정적이고 실력이 있는 사람들이 소수였다면 그렇지 못한 사람들이 상대적으로 더 많았을 것입니다.

명리학계도 마찬가지입니다. 그렇기 때문에 한마디로 저는 이것을 각자의 시절인연으로 호불호가 갈리고, 인연이 되고 한편으로는 이 학문을 부정하는 사람들도 있다고 생각합니다.


또한 명리학은 형이상학적인 기氣의 세계를 논하는 학문인데 이것을 수치화시킨 기계물질이나 형이하학적인 유물론적인 사고방식에 젖어 있으면 절대로 이 학문을 성취는커녕 반도 못하고 지쳐버리는 경우가 왕왕합니다.


사람의 머리란 일반적인 주입식 교육에 암기를 잘해서 외운 것만을 가지고 연구를 하는 사람이 있는 반면, 창작과 응용에 능한 사람이 있는 것인데, 현재 우리 사회에서는 암기 잘하는 사람이 머리가 똑똑한 사람, 즉 지혜로운 사람이라고 칭하는 경우가 많습니다. 명리학은 주입식 암기를 잘하는 사람은 물론 학벌이 있거나 스스로 자기 머리 똑똑하다고 자부하는 사람과는 크게 개연성이 없는 학문이니 착오가 없었으면 좋겠습니다.

끝으로 어느 포털 사이트에 가면 우리나라 어느 곳을 가더라도 잘 맞추는 사람이 없다고 하면서 서로 가본 철학관이나 점집의 정보를 공유하는 곳들이 있다고 합니다.

이런 분들을 보고 있으면 되묻고 싶습니다. 자신의 운이 좋기만을 바라지 말고, 누군가 자신의 명운을 다 맞추어 주기만을 바라지 말고, 그 전에 자기 자신이 어떤 사람인가에 대해서 먼저 알기 위해 노력하는 것이 명학을 대하는 첫 번째 관문이 아닐까 말입니다. 즉 굳이 사주라는 도구를 들먹이지 않아도 스스로 먼저 나는 어떤 사람이고 어떠한 사고를 지향하며 어떤 삶을 살기를 원하고 그 삶을 살기 위해서 어떠한 노력을 하였는지를 생각해 보라는 것이 이 글을 쓰게 된 취지였습니다.

# 2.

## 술사術士의 길

술사라는 용어는 앞전에 사전적인 의미를 이야기한 적이 있었고 또한 드라마 '대풍수'에서도 나온 직업이라 이제는 꽤 많은 사람들이 알고 있을 것이라고 생각하지만 다시 한 번 인터넷 사전을 뒤져보니 아래와 같은 의미라고 합니다.

> **술사[術士]**
> **한국고전용어사전 인문과학 〉 언어학**
> : 술수(術數)의 학(學)에 통하고, 태현(太玄)에 조예가 깊은 사
>   람. 곧 술가(術家).

즉 술수(음양오행론)의 학문을 통한 학자라는 것인데, 당연 술은 재주를 의미하니 일반적인 제도권의 학문이 아닌 실용학문을 하는 사람들이라고 보면 크게 틀린바가 없을 것입니다.

그럼에도 불구하고 여전히 사람들은 술사라고 하면 일반적인 점쟁이와 다른 것이 없는 하찮은 직업이라고 생각하는 것이 대부분인데 사람의 운명을 예단하려고 하니 점을 친다는 행위와 상통하는 것은 사실이나 학문

을 통하고, 조예가 깊은 사람이 하는 것과 무턱대고 점을 친다는 점에서 결국은 크게 다르다고 할 수 있겠습니다.

또한 간혹 명학을 전공하는 현업인들 중에서도 술사라는 용어는 학자가 아니라 간사한 술수만 부리는 점쟁이와 다를 게 없다고 보는 현업인들도 있는데 자기 자신이 못한다고 해서 자기 자신이 잘못 알고 있는 정보, 지식인지를 확인해 볼 필요가 있을 겁니다.

아무튼 용어에 대한 정의를 다시 한 번 알고 본문으로 들어가고자 했는데 제목 그대로 술사의 길, 즉 술사가 되려 하는 사람들은 다음과 같이 제가 겪은 바를 토대로 행하다 보면 시행착오를 줄일 수 있겠다는 생각이 들어 이야기하게 되었습니다.

## 1. 자기 자신이 누구인지를 냉철하게 성찰해 볼 필요가 있습니다.

: 이 말은 자신의 명운도 모르는 사람이 남의 명운을 봐준다는 것은 모순이라는 것이고, 설사 운이 좋아 의뢰인이 많아서 한다고 하여도 그 운이 지나면 모래 위에 성을 쌓은 것과 같이 하루아침 만에 거품처럼 사라진다는 의미입니다.

## 2. 명운을 상담해주는 일은 서비스업이 아니라 활인업에 해당하는 일입니다.

: 제가 본격적으로 현업 상담가로서 일을 해보니 대부분이 자기가 듣고 싶어 하는 말만 듣기를 원하고, 주의해야 할 것과 바르지 못한 부분을 이야기하면 받아들이지를 못하고 실력이 있니 없니 또는 듣기 싫으니 그런

식으로 단정 지어 상담을 하지 말라고 반박을 하는 경우가 있습니다.

이 말은 보통 이것은 학문을 통한 상담이 아닌 누군가를 단순하게 위로해주기만을 위한 서비스업이라는 인식이 강하기 때문인데 굳이 그런 위로만을 받고, 듣고 싶은 말만 듣기를 원한다면 서비스업을 기반으로 한 상담업도 요즘에는 많이 영업을 하고 있으니 그쪽으로 발길을 돌리는 것이 현명한 처사가 아닌가 하는 생각이 듭니다.

### 3. 동기부여가 명확해야 합니다.

: 저의 경우 이 업을 할 생각이 없었고 공부하다 보니 사람들이 소질이 있다는 이야기를 해서 시작하게 되었습니다. 이렇게 공부를 하다 보니 음악과 같이 꿈과 희망을 주는 활인업으로써 상통한다는 생각이 들었으며, 단순히 점을 치는 도구이거나 서비스업이 아니라 우리가 지금까지 몰랐던 신비한 영역의 활인업이라는 것을 깨닫게 되어 나름 진지한 자세로 이 일에 임하고 있습니다.

그렇기 때문에 단순하게 나이가 들어서 할일이 없어서 명학 상담업을 하려거나 돈이 될 것 같아서라든지 쉬울 것 같아서라고 생각하시는 분들은 다시 1번 항목으로 돌아가 자기 자신이 어떤 사람이고 무엇을 하고 싶은지, 무엇을 잘하는지, 왜 해야 하는지, 어떠한 비전을 가지고 있는지 등등을 살펴보고 이 일에 뛰어드는 것이 순서가 아닌가 합니다.

물론 단순히 취미로 할 분들은 상관이 없습니다만 단순한 취미로 하기에는 비용이 꽤 많이 드는 고급취미이기 때문에 이러한 점은 감안하는 게 정신건강에 좋을 것입니다.

## 4. 독학이 아닌 선생님이 필요합니다.

 : 저 또한 처음에는 학문이 아닌 점치는 것이기 때문에 선생님이 필요 없고 책만 보고 독학해도 충분할 것 같아서 그렇게 시작했습니다만 사람의 인생사를 다루는 방대한 학문이라는 것을 알고는 저와 성향이 맞고 실력과 어느 정도의 언행일치를 할 수 있는 선생님을 찾고자 많은 노력을 했습니다. 하지만 아직까지 음지의 학문이라는 걸림이 있어서인지 제대로 된 선생님은 사실 극소수에 불과하니 신중히 알아보고 선생님을 모시고 공부를 해야 할 것입니다.

 이렇게 이야기하면 사기 당할 것 같고 못 미더워서 '독학으로 프로가 될 거야'라고 생각하는 분들이 계신데 과거 하늘과 땅이 오염되지 않은 시기에는 복잡다단하지 않기 때문에 자연과 서책만을 벗 삼아 공부하여도 충분히 어느 정도 원하는 바를 득할 수 있었으나 지금은 거의 불가하고 제 개인적으로는 이 어려운 학문을 혼자 독학으로 성취했다는 사람들은 신뢰하지 않는 편입니다.

 그리고 자기 자신이 명문대를 나왔다거나 스스로 머리가 좋다고 생각하는 분들도 자신의 명예성취나 단순한 부업쯤으로 인식해서 뛰어드는 경우가 많습니다만 명문대 나와서 한다는 짓이 겨우 점집해서 밥 먹고 사는 것이냐는 비난을 각오할 자신이 되어 있지 않으면 스스로 괴리감 때문에 오히려 독이 될 수 있으니 신중히 생각해야 할 것입니다.

 이상 술사가 되기 위해서 필요한 요소들을 한 번 정리해 보았으니 참고하셨으면 합니다.

# 3.

## 명리학은
## 정명론이다

어저께는 좋아하는 사람에게 초콜릿을 준다는 밸런타인데이였습니다. 그 시간에 저는 직장에서 40시간이 넘게 야근을 하고 집에 돌아와 녹초가 되어 깨어보니 아침 11시쯤이 되었습니다.

아마 12시간 넘게 자지 않았을까? 하는 생각이 들면서 갑자기 애초에 대운이 바뀌기 전에 예단한 대로 앞으로 직장을 다니게 되면 야근하는 일이 많지 않을까 생각했는데 역시나 팔자 도망 못한다고 제 예단대로 되어 감에 다시 한 번 쓴웃음이 지어지더군요.

이렇게 사람이 힘든 환경에 있으면 누구나 철학자가 되기 나름인데 그래도 보람이 있고 기분이 좋은 것은 100% 알 수는 없으나 내 명을 알고 어떠한 식으로 패턴이 흘러가는지를 아니 마음은 많이 편해졌다는 생각이 들며 한편으로는 자기 자신이 누구인지도 모르고 운명이 없다고 부정하면서 개운하는 방법이나 좋은 운만을 학수고대 하는 분들을 바라보면 쓸쓸한 생각이 들기도 합니다.

애초에 제가 이 학문을 공부하고 카페를 만들고, 명학서적을 출간할 때에도 이 학문을 통해 팔자를 완전히 고쳐 보자는 것이 아니었습니다. 그럼에도 불구하고 사람들을 보고 있으면 아주 묘한 희망을 가지고 있는 경우가 더러 있는데, 명리학은 누누이 이야기했듯이 정명론이라고 해서 명命이 정해져 있다는 것으로 인간이 마음대로 인위적인 조작으로 인해 바꾼다는 것은 있을 수가 없습니다.

이러한 점을 간과하고 자신이 타고난 것을 180도 바꿀 수 있다는 허무맹랑한 희망과 믿음을 가지기도 하는데 그것은 명학에 대한 바른 인식이라 할 수 없으며 오히려 헛된 희망을 가지고 회의감을 품기 쉬울 수 있으니 언제나 잔소리처럼 들리지만 염려해 둘 필요가 있겠습니다.

이렇게 단호하게 이야기하면 동일사주의 문제점이나 아예 노력은 허사이고 아무런 의미가 없는 것이냐고 의문이나 반박을 할 수 있겠습니다만 운명이라는 것이 있다고 인정하고 이 공부를 하는 분들은 앞서 나가서 그런 생각보다는 먼저 공부를 해보고 임상을 해보고 수많은 상담객을 통해 경험을 쌓고 난 뒤 그런 의문이나 반박을 하셔도 늦지는 않습니다. 자신이 가지고 있는 아집으로 인해 제대로 해보기도 전에 이 학문을 바라보면 그야말로 학문이 아니라 단순한 통계의 일종이고 믿을 것이 못되는 미신으로 치부해 버릴지도 모릅니다.

이렇게 이야기해도 명리학이 정명론이 아니라 얼마든지 팔자 자체를 바꿀 수 있다고 생각하는 분들을 위해 끝으로 예를 들자면 왼팔이 없이 태어난 사람을 보고 넌 왼팔이 없어도 열심히 기도해서 왼팔이 다시 생기게 기적이라는 희망을 가져보라고 하면, 그 말을 듣고 있는 사람은 오른팔이 있는데 굳이 없는 왼팔을 가지고 뭘 하라는 것인가? 라는 이해불능의 상태가 되어 버립니다.

그렇다면 타고난 상태나 환경(없는 왼팔)이 사주의 원국(정명)이라면 대운이나 운이 좋아지는 것은 무엇일지 생각할 수 있는데 그것은 없는 왼팔에 의수를 달거나 왼팔을 대신해 누군가 도와주거나 왼팔의 몫까지도 할 수 있게 오른손의 기능을 더 정밀하게 이용하려고 노력을 한다는 것으로 볼 수가 있겠습니다.

운이라는 것은 명을 뛰어넘는 그 이상의 것은 아닙니다. 희망을 가져도 경우와 분수에 맞게 가져야지 터무니없는 희망은 이 학문을 이것도 저것도 아닌 미신으로 둔갑시킬 가능성이 높으니 명리학을 공부하는 분들은 우선은 굳이 명리가 아니더라도 자기 자신이 누구인지에 대해 성찰하고 욕심을 내려놓고 환경과 현실을 인정할 수 있는 냉철한 시각을 기를 필요가 있겠습니다.

# 4.

## 왜 태어났고
## 왜 사는 것인가?

    최근 스트레스를 많이 받고 밤샘으로 일을 해서 그런지 황금 같은 주말 내내 몸살로 아파 거의 누워있다 잠에서 깨니, 순간 어린 시절부터 시작해 지금까지의 여정이 파노라마처럼 잠깐 스쳐 지나가는 환영을 보고 난 후 사색에 잠기게 되었습니다.

    이런 인생의 파노라마를 보는 경우 흔히 영적인 것을 연구하는 이들이 하는 말이 죽기 전에 살아온 시간들을 본다고 하는데 제 생각으론 죽기 전이 아니라 가끔 뭔가 인생의 전환이 필요할 때 보이지 않는 세계에서 나에게 보내는 메시지가 아닌가라는 생각도 들었습니다.

    어린 시절 초등학교 4학년 때쯤부터 시작하여 중2까지 결론을 못 내리고 괴롭혔던 화두는 '인간은 왜 태어났고 살아가는 의미는 무엇인가'였습니다. 아무리 생각해도 도저히 알 수가 없어서 답답한 나날을 보내는 도중, 어린 시절부터 잔병치레를 많이 해서인지 그때마다 신비한 체험을 하고 뭔가를 어렴풋이 알 수 있었는데 항상 궁금해 하던 화두에서 조금 해방이 되었던 기억이 떠오릅니다.

    거창한 것은 아니고, '아 많이 아프다. 근데 이왕 태어난 거 더 살고 싶다. 그리고 내가 좋아하는 음악 실컷 듣고 작곡하고 아름다운 것을 많이 보고 행복하게 살고 싶다. 왜 태어났고 살아가는지는 모르겠다. 그래도 살아있으니 기분 좋고 살아있는 동안 하고 싶은 것들을 하면서 행복하게 살다가 가는 것만으로 충분한 이유는 되지 않을까'라고 나름 오도송을 중얼거린 기억이 있습니다.

이번에도 이렇게 아프고 외로워보니 문득 깨달아집니다. 모두가 허황되고 한심하다고 놀려도 나는 꿈을 꾸고 설사 피 흘리는 세월을 살아가더라도 살아있는 동안 거리에 과일나무 가로수가 펼쳐져 있는 아름다운 세상을 보고 싶다는 것을.

# 5.

## 동양학은
## 주입식 교육이 아니다

이제는 예전과 달리 동양학의 위상이 많이 올라갔음에도 여전히 학문이 아니라 서양학에 비해서는 미신 정도로 취급하는 경우가 왕왕한 가운데 이런 저질로 낙인찍히는 것이 싫은지 강호든 강단이든 새로운 시도를 하는 분들이 많습니다.

대표적인 것으로 모든 사주의 데이터를 수치화시켜서 주입식 교육을 하는 기관들이 있으며, 아예 적중률과는 무관하게 인문학이나 다른 분야로 녹아내리려는 작업들이 그러한 예라고 할 수 있겠습니다.

이러한 이야기를 하다 보니 저도 예전에 처음 스무 살 무렵 동양학을 공부할 때가 떠오릅니다. 그때 동양학 선생께서 짤막하게 사주학의 기초를 알려주신 뒤 바로 주역과 정역으로 들어가면서 경신설庚申說에 대한 문제를 냈는데 몇 가지 힌트만 주고는 하루라는 시간을 주고 풀어보라고 하여서 깊은 고찰 끝에 겨우 답을 제시해서 소질이 있다는 평가를 받았던 기억이 있습니다.

이제야 솔직히 말하자면 당시 그 문제를 푸는 것이 너무나 어렵고 선생님의 지도방식을 도무지 이해할 수 없어서 조금 원망어린 반박도 하고 힘들었던 일도 생각이 납니다. 그 외에도 다른 명리학 선생님들께 사사 받을 때도 써머리만 줘서 꽤나 쉽게 이해를 했지만 그것만으로는 부족한 것 같아서 직업별 사주풀이나 케이스 바이 케이스를 요구한 적이 있었습니다. 당시 선생님께서는 그건 자신이 해줄 수 없는 부분이라며 단호하게 거절해서 이왕 가르쳐주는 거 다 알려주면 좋을 건데 라면서 불평을 하곤 했습니다.

이런 이유로 당시에는 명리학 선생님들을 이해할 수가 없었는데 훗날 제자를 받고 가르치고 프로술사가 되다보니 이제야 선생님들께서 화두를 품고 깨우치는 방식이 동양학의 교수법이라는 것을 알 수가 있었습니다.

지금 한국 사회의 공교육이 무너진 것도 서양의 분석적이고 주입식 교육으로 인한 폐해 때문인데 이래서는 도무지 스스로 생각하고 창조하고 응용할 수 있는 발상이 떠오르지 않는 것은 자명한 일이기에 지금은 과거 저에게 동양학을 가르쳐주신 선생님들의 깊은 뜻에 감사히 생각하고 있습니다.

여기서 최근에 어떤 연식이 오래된 동호인께서 비현 선생은 교수법이 탁월하다고 너무 쉽게 구체적으로 잘 알려준다는 칭찬도 생각이 나고, 또 어떤 분들은 구체적으로 케이스 바이 케이스로 다 알려주면 좋겠다고 건의한 분들도 있는데 어느 장단에 춤을 추리이오? 제 뜻대로 하겠나이다!

아무튼 동양학의 미덕은 담백함과 여백의 미美라는 말이 있듯이 저 또한 아무리 역학을 비즈니스와 제도권화 시키겠다고 해도 그 정체성은 지켜나가야 하겠다는 생각이 듭니다.

[삼족매 비현 作 2006년]

# 6.

## 명리의 길은
## 멀고도 험한 길

작년부터 앞으로 개인적으로 바쁘고 힘들어서 주인장으로서 아쉽지만 자주 활동을 못할 것 같다고 양해의 말씀을 구한 바가 있었습니다만, 우려했던 대로 제가 활동을 하지 않으니 아무도 카페 활동은 물론 공부조차도 하지 않는 분들이 많고, 대부분 본 관법의 스킬만 알고자 혹은 언제 스킬에 관한 신간이 출간되는지 방문만 하고는 아무런 방명록도 남기지 않고 서성이는 분들이 대부분이더군요.

제가 카페라는 모임을 만든 것은 단순히 일반 학원처럼 본 관법의 스킬만 가르치고자 한 것이 아니라 정이 있고, 의리가 있는 재밌고 화목한 모임을 만들고자 개설한 것인데 처음 의도와는 전혀 다른 그저 스킬만 배우려는 사람들로 가득해서 안타까운 마음 금할 길이 없습니다.

어떻게 보면 'XXX'라는 플랫폼 자체가 워낙 상업적이고 검색을 위주로 한 가볍고, 깊이 있는 이미지가 아니기 때문에 그러한 것 같다는 생각도 듭니다만 결론적으로는 아직 저도 제대로 된 인연을 만날 때가 아니고 각자의 길이 다른 것이니 누굴 탓하는 것은 아닙니다.

그러나 개설한 사람(비현)의 취지와 상관없는 분들이 계속 가입을 하면

서로 피곤한 일이니 서로 목소리를 높일 필요 없이 각자 원하는 곳을 찾아 떠나면 그만이라 하겠습니다.

글을 간만에 쓰니 삼천포로 빠지는 감이 있는데, 명리의 길은 정말 멀고도 험한 길이며 스포츠로 따지면 단시간에 승부를 볼 수 있는 100m 달리기가 아니라 일종의 마라톤과 같은 긴 여정이라 할 수 있습니다.

이 말은 알려주는 선생이 있든 없든 자신이 뜻한 바가 있다면 꾸준히 공부를 해야 하고 회원들 간에 친목도 다지는 등 마치 아티스트의 팬들이 작품을 논하고 친목을 다지며 아티스트가 다시 활동할 때까지 활성화하는 것입니다. 그렇게 되면 아티스트는 팬들의 성원에 힘입어 좀 더 멋진 작품으로 보답하는 것과도 같은 맥락이라 할 수 있습니다.

그런데 선생이 없다고 나도 활동 그만해야지, 선생도 없는데 활동해서 건져 먹을 것도 없는데, 라고 생각하는 분들은 다시 한 번 이 카페의 성격이 단순히 돈만 주면 모든 것을 알려주는 일반적인 주입식 학원이 아님을 아셨으면 하는 바람입니다.


끝으로 아티스트에게 작품을 빨리 내놓으라고 강요하거나 재촉하지 마십시오. 창작이라는 것이 그렇게 만만한 작업이 아니며 날이면 날마다 언제든지 주문한 대로 공장에서 대량으로 찍어내는 작업이 아닙니다.

이런 기본적인 존중과 배려도 없이 팬질 하겠다는 건 매우 무례한 사고방식이니 남 탓보다는 자신을 성찰해보면 좋겠다는 바람을 가져봅니다.

# 7.

## 백수와
## 백조의 의미

요즘 불황에 백수, 백조가 너무나 많은 것은 누구나 아는 사실입니다. 어떻게 보면 불황이라는 말은 97년 IMF 이후로 끝없이 회자되고 있는 참 지겨운 단어이기도 하고요. 경제라는 것이 지상의 목표가 된 것을 이용하여 위정자들이 선거에 나올 때마다 자신이 불황을 이겨내고 잘 먹고 잘 살 수 있게 해주겠다고 공언한 것이 어제, 오늘의 일이 아니기도 합니다.

그럼에도 불구하고 경제가 나아지기는커녕 계속해서 부익부, 빈익빈이라는 양극화 현상은 심화되고 세대 간의 갈등도 매우 심하게 곪아 터져가고 있습니다.

여기서 잠깐 생각해보면 돈과 먹고 사는 문제가 지상 목표가 된 지금 하루 세 끼는 아니더라도 굶어죽는 경우는 거의 들어본 적이 없습니다. 오히려 아직도 아프리카의 아이들이 기아에 허덕이고, 북쪽 한민족의 아이들이 그렇다는 이야기는 들어왔지만 한마디로 대중을 기만하여 자신들의 잇속을 차리기 위한 하나의 방편이라 할 수 있습니다.

아무튼 청년 실업은 물론, 직장을 잘 다니다 그만두는 사람들도 요즘에는 매우 많은 편입니다. 인과관계를 생각해보면 우리는 직장을 다녔던 것이 내가 일을 했으니 돈을 받는다고 생각하는 경우가 많습니다. 물론 이렇게 생각하는 것이 무리는 아니지만 사고를 확대해 살펴보면 사실 직장을 다녔다는 것은 사회의 학교에서 공부를 시켜준 것입니다.

즉 단순하게, "네가 일을 했으니 오너가 돈을 주는 것이 아닌 이 사회를 위한 더 큰 인재가 되어"라고 직장에서 일을 잘하든 못하든 꼬박꼬박 월급을 줘가며 공부를 시켰음에도 직장을 그만두고 나면 더 이상 무엇을 어떻게 해야 할지도 모르고 방황하는 사람들이 많습니다.

모든 현상에는 사실 그만한 이유가 있는 것임에도 그냥 재수가 없어서 잘렸거나 회사가 나에게 부당하게 대해서 잘렸다고 생각을 할 뿐입니다. 여기서 무엇 때문에 백수가 된 것인지는 스스로가 제3자가 되어서 폭넓게 생각해 보아야 알 수 있는 문제라는 것입니다.

이 말은 실제로 처신을 잘못해서 그런 경우도 있지만 이제 사회의 학교에서 졸업을 시켜주고 이 세계로부터 직접 녹을 받고 더 큰 공부를 하고 더 큰 일을 위해 직장에서 나오는 경우도 있다는 이야기입니다.

그렇다면 또 다시 생각을 해보아야 합니다. 아무 생각 없이 먹고 살기 위해서 직장을 다녔고 다시 직장에서 나왔다면 내가 하고 싶었던 일은 무엇이고 나는 이제 홀로 독립해서 일을 할 수 있을지를 냉철하게 따져 보아야 합니다.

정리하자면 그저 재수가 없어서 직장을 나온 것이 아닌 하늘이 또 다른 공부를 시키기 위한 예비시간을 준 것이니 이 귀한 시간을 허비하는 자들은 다시 악순환을 반복하게 될 것입니다.

# 8.

## 사고수의 의미

    정신없이 직장을 다니다 갑작스러운 사고를 당하거나 아니면 학교를 다니다 갑작스러운 사고를 당하는 경우가 있습니다. 사고라는 것도 일반적으로 알기에는 우연히 그냥 재수가 없어서 일어난 일이라고 알고 있지만 명리학에서는 그 사고수라는 것도 이미 명운의 한 페이지에 기록되어 있는 경우가 있습니다.

    즉 큰 사고수라는 것은 이미 명운에 있다는 이야기인데 이것은 마치 과거 자기 자신이 그렇게 했으니 그렇게 되도록 만들어진 인과가 있다는 것입니다.

    그렇지 않으면 명운을 리딩한다는 것이 모순이 되는 것은 당연한 이치입니다. 이 이야기를 꺼내게 되는 것은 저 역시도 사고를 겪어보고 가족 또는 다른 사람들의 사고도 지켜본 경험이 많기 때문입니다.

    이러한 사고수에는 여러 가지 의미가 있지만 그중 대표적으로 그동안 정신없이 살아왔던 삶에 대해서 여유를 가지고 성찰하는 공부를 하라는 것이고 다른 한 가지는 지금 자신이 하고 있는 일이나 행위에 대해서 다시 한 번 뒤돌아보라는 의미가 있습니다.

그렇게 병상에 누워서 그만한 시간을 주었음에도 불구하고 자신의 모순을 깨닫지 못하고 별로 대수롭지 않게 여기고 똑같은 생활을 반복하려고 하면 다시 더 큰 사고가 기다리는 경우도 있습니다.

이렇게 이야기하면 이해가 잘 안 될 수가 있으니 일반적인 예를 들어 이야기해 보겠습니다. 성수대교가 붕괴되고 백화점이 무너져도 우리사회에서는 그 뒤로도 계속해서 인재가 일어났습니다. 즉 이런 사고는 자연적인 재난이 아닌 사람이 잘못한 사고라는 것입니다.

이것을 제대로 인식하고 사회적으로 다 같이 제대로 논의하고 대안을 마련했다면 그 이후에는 인재라 할 만한 대형 사고는 없었을 것입니다.

여기에서 저는 일반적인 인간사의 사고수도 같은 맥락을 취하고 있다고 보고 있습니다. 알고 보면 누군가가 정한 것이 아닌 스스로가 그렇게 했기 때문에 그렇게 되는 것이니 사주를 탓하거나 하늘이나 부모, 조상을 원망하거나 남 탓할 게 하나도 없는 것입니다.

# 9.

## 2,30대의 젊음은
## 금방 피고 지는 것

주말 집에서 신간 저술만 하기에는 날씨도 좋고 답답해서 간만에 강남에 있는 대형서점과 건담 프라모델 구경을 다녀왔습니다. 역시나 우리나라에서 제일 번화가라고 자부하는 곳답게 2,30대의 젊은이들로 가득했고 얼핏 보기에 여성이 더 많아 보였습니다.

국민학교 때부터 사고 싶어 했던 하이뉴 건담이
이제서야 리파인되어 판매되는군요. 감개무량!

도착하자마자 강남에 있는 건담 매장에 가서 이런 저런 모형들을 구경하고 1만 원 남짓한 미니 건담도 하나 구매했는데, 실은 사진에서 보이는 이 거대한 건담을 살 계획이라 오늘은 작은 녀석 하나만 지른 셈이죠.

아마도 다들 이질감을 느낄 부분이 명리학 선생질한다는 사람이 그것도 나이가 어린 것도 아니고 저런 애들 장난감을 아직도 좋아할까 의아해하는 분들도 많을 거라 생각하지만, 건담 같은 경우는 단순히 아이용 애니나 완구가 아니라 근본적으로 따지자면 어른들을 위한 취미생활이니 너무 색안경 끼고 바라보지는 않았으면 좋겠다는 생각이 듭니다.

왜냐면 한 번이라도 애니를 본 사람들은 전쟁에 관한 스토리라 심오한 철학이 담겨있다는 것을 알기 때문입니다. 이렇듯 저 같은 경우는 어디 놀러 가는 것을 단순하게 그냥 쾌락만을 위해 즐기는 타입이 아니라 먹고, 자고, 구경하는 등 모든 것을 일종의 인생 공부라고 여기는 경향이 있습니다.

이런 생각을 하다 보니 몇 달 전 여기서 알바인지 직원인지 하는 젊은 아가씨가 카운터를 보고 계산할 때 사람을 위아래로 살피며 옆에 있는 남자직원에게 계산을 떠넘기면서 피식 웃고 아예 손님에게 인사도 하지 않아서 다시는 이곳에 오지 않으려고 했는데 직장이랑 가깝기 때문에 다시 와보니 여러 손님으로부터 항의가 있었는지 직원들이 모두 다 교체되고 확실히 저번보다는 친절하고 서비스가 좋아졌다는 느낌을 받았습니다.

이런 것을 보면 무조건 나이가 젊거나 어리다고 해서(저는 76년생 이하를

'디지털 세대'라고 부릅니다.) 개념이 없는 것이 아니라 사람마다 다르다는 보편적인 진리가 상기 되었는데, 아무리 그래도 기성세대가 느끼는 세대차이와 청년세대가 느끼는 세대차이라는 것은 격세지감이 들 정도로 매우 빠르게 세상이 변하고 있으니 두말하면 잔소리일 것입니다.

그러나 저 역시 군대 다녀오기 전 20대 초반까지만 해도 시간도 안 가고 이 젊음도 아주 오랫동안 유지될 거라 생각하고 있었지만 군대를 다녀온 뒤 대학을 졸업하고 유학을 다녀오고 막상 취업을 하니 어느 순간 10년 정도는 금방 지나버리더군요.

강남역에 붐비는 젊은이들을 보면서 마음속으로나마 메시지를 전하고 싶었습니다. 현실에만 집착하고 쾌락만을 쫓는 불나방 같은 인생보다는 이왕 인간으로 태어난 이상, 생명의 가치를 소중히 하고 지금의 젊고 아름다운 외모를 잘 가꾸어 각자의 소질과 적성에 맞는 뜻 깊고 보람된 일을 하여 빛나기를. 물질적인 가치만을 쫓지 말고, 오직 사랑하는 것이 이성異性과 물질이 아닌 정신적으로 성숙하고, 그리고 나보다 더 아프고 힘들고 외로운 이들을 보듬고 포용할 수 있는 멋진 신세대가 되었으면 합니다.

부모뻘 되는 사람들이 정치를 엉망으로 하고 물질적인 가치만을 추구하는 이상한 가정교육을 시켜 실망을 안겨주었다고 해서 주눅 들지 말고 그 와중에는 진주도 있는 법이니 온고지신하는 마음으로 배울 건 배우고 그릇된 것도 흡수하고 소화시킬 수 있는 크게 어질고 크게 의로운 사람이 되었으면 합니다.

# 10.

## 돈을 번다는
## 의미

　최근에 뉴스를 보니 2015년에는 취업하기가 더 힘들어진다는 암울한 내용이었는데, 여기서 생각해보아야 할 문제가 있어 오랜만에 '신.명.길'에 글을 쓰게 되었습니다. 사람이 살아가면서 예나 지금이나 가장 큰 문제는 경제인데 명리에서는 이것을 '재성'이라고 해서 돈을 담당하는 별이라고 이야기를 합니다.

　이 재성이라는 육신은 고서에서도 반드시 필요하고 좋은 성분이기 때문에 정편을 가리지 않고 편재(유동적인 재물)든 정재(고정적인 재물)든 모두가 좋다는 길신으로 분류하고 있습니다. 그런데 이것이 산업화를 거쳐 현재는 도를 지나쳐서 물질만능주의가 되어 버린 지 오래되었는데 이 돈이라는 녀석을 가지기 위해서 사람들은 이왕이면 공기업, 대기업을 선호하는 것이고 설사 도덕과 법에 위배된다고 해도 가지기 위해 안간힘을 다 쓰고 있는 게 현실이기도 합니다.

　그런데 명리학을 전공하는 제 입장으로 보자면 돈을 번다는 것은 돈을 감당할 수 있는 그릇이 갖추어진 사람이어야 가능하다는 것이지 다들 아무나 노력만 하고 직장만 다닌다고 해서 돈을 많이 버는 것이 아님에도 다들 자신이 무엇을 해야 하고 무엇을 통해 경제를 움직여야 하는지를 모르고 있다는 것입니다. 이것을 두고 옛 성현은 '천하창생이 진멸지경에 이르렀는데도 불구하고 조금도 깨닫지 못하고 재리財利에만 몰두하니 어찌 애석하지 아니할까?'라는 안타까운 말씀을 남긴 것을 보면 그야말로 돈은 'ㄴ'을 빼버리면 도道가 되고 붙이면 '돈財'이 되는 것이니 돈이 곧 도라는 묘한 이치를 엿볼 수 있는 대목이기도 합니다.

아무튼 앞으로의 천하대세를 보자면 과학계에서 발표한 자료를 토대로 상식적으로 생각해도 지구가 수용할 수 있는 인류의 객체수가 초과한 지 이미 오래되었고 이렇게 되면 1차적으로 자원이 부족해지니 양극화로 인한 갈등과 번민은 굳이 명리를 몰라도 누구나 조금만 생각해보아도 알 수가 있습니다. 이러한 시기를 저는 과도기라고 명명하는데, 현재 우리가 살아가고 있는 시대이기도 합니다. 그러나 모든 것은 꽉 차게 되면 기울어지기 마련으로 음양의 균형이 바뀌기 시작하며 세상이 크게 변화해가는 것을 목도하게 될 겁니다.

고로 과거처럼 단순하게 돈을 벌기 위해 직장을 다니고 취업을 하는 것만을 목표로 삼지 말고 과도기에 각자 태어난 사명과 역할이 무엇인지에 대한 자아성찰이 필요합니다. 이렇게 자신을 아는 분들은 아무리 과도기라고 하여도 나아가야 할 방향을 알기에 굳이 직장이나 취업이라는 형태가 아니더라도 각자의 진정성과 노력으로 인해 어느 정도의 경제가 따르게 되는 것입니다.

가볍게 보지 말고 한 번 깊고 진지하게 생각해보면 좋겠습니다.

# 11.

## 베이비부머 세대의
### 공과功過

일반적으로 알기에 지금의 약 60대 중반부터 50대 초반까지는 '베이비 부머 세대'라고 해서 전란이 끝나고 인구수가 급격히 증가한 부모님, 형님, 누님 세대가 됩니다. 이야기하고 싶은 것은 이 전후 세대가 우리 사회에 미친 영향이 매우 지대한데 전쟁의 폐허 속에서 한강의 기적이니 뭐니 해서 경제적인 수준을 서양의 선진국이 몇 백 년 걸릴 것을 단 몇 십 년 만에 이루어낸 장본인이기도 합니다.

그렇기에 지난 선거에서도 봤듯이 아직까지 그들의 저력으로 인해 세대 간 거의 반을 득표해서 대표자들을 선출해서 당선시키기도 했습니다. 그 결과 수많은 문제와 공로가 있는데 공로는 방금 언급했다시피 온갖 지식을 끌어 모으고 경제적인 번영을 이루었다는 것입니다.

그러나 못 먹고 못 살던 시절의 한이 있어서인지 친구들과 화합하고 상생하는 마음으로 교육을 한 것이 아닌, 친구라고 할지라도 경쟁하며 더 많은 부와 명예를 가지도록 각자 교육을 하게 된 결과 지금은 물질만능주의가 진리 아닌 진리가 되고 지상의 목표가 된 지가 오래 되었습니다.

이런 비판을 하게 되면 이 세대의 특징은 감히 부모세대에게 하극상 또는 네가 뭘 아느냐면서 보릿고개 시절을 겪으면 그런 말이 나오느냐면서 타박을 하기도 합니다.

이렇게 정말 똑똑하고 많은 공을 이루어도 그것이 생각 없이 자신들의 기득권을 지키기 위한, 밥그릇을 지키기 위한 아집이라고는 전혀 생각도 못하고 식자층으로서 모범을 보이기는커녕 계속해서 자폭하는 식으로 굳건히 고정관념을 가지고 살고 있음에 개탄스러울 수밖에 없습니다.

이런 세대별의 역할과 장단은 역학으로 분석하자면 기본적으로 3수의 이치로 상층에 속하는 설계와 브레인이라는 역할로 베이비부머 세대의 역할은 매우 큽니다만 그 어떤 세대를 막론하고 대표자(리더)는 한정이 되어 있고 그 일을 해낼 수 있는 사람도 극소수입니다.

그럼에도 불구하고 자기 자신이 무엇을 해야 하는 사람인지 모르고 오직 부와 명예, 사람 욕심, 권력, 내 새끼의 성공, 이런 사적인 것들에만 혈안이 되어 있습니다. 이렇게 각자의 사명을 모르고 계속해서 오버하게 되면 남겨진 것은 인과의 필연으로 인해 죽고 싶어도 죽지도 못하는 엄청난 고통을 겪고 모든 것을 잃어버린 후에 겨우 깨닫게 될 겁니다.

이런 저의 이야기는 베이비부머 세대라면 누구나 항상 신경 쓰는 효도와도 깊은 관련이 있습니다. 즉 부모에게 효도를 하는 것이 물질적인 공양도 중요하지만 대효는 사람들에게 존중과 존경을 받을 수 있게 하는 것이 근본된 효의 도리이지 자기 식구(혈연과 조직)라고 해서 봐주고 함부로 기대는 것이 능사가 아님을 우리 모두 하루라도 빨리 알아야 하겠습니다.

이 주제는 앞으로도 계속해서 반복될 것입니다.

# 12.

## 갑질 을으리

한국 사회에서는 상하관계를 갑과 을이라는 표현으로 비유하는데 이것은 역학에서 이야기하는 십천간에서 비롯된 용어라는 것을 아는 사람이 과연 몇이나 될지 모르겠습니다만 상하, 주종관계를 갑질 한다고 하고 을은 의리를 지켜야 된다고 합니다.

한마디로 쉽게 이야기하면 예를 들어 고용주와 노동자의 관계가 한쪽이 일방적으로 일자리를 만들어주고 돈을 주니 노동자는 그저 감사해야 하고 고용주가 요구하는 모든 부당한 처사를 받아들여야 한다는 것인데 이런 갑을관계는 이미 우리 사회에서 깊게 뿌리 내린 현대적인 노예제도라 볼 수도 있겠지요.

그러나 다른 의미로 이야기하자면 부모와 자식 간, 군신관계, 사제지간 등등으로 위계질서가 명확하고 각자의 위치에서 도리를 하는 것으로 긍정적이라 할 만하지만 이미 그 폐습이 지나침으로 각종 폐해가 일어나기도 했습니다.

제가 이야기하고 싶은 것은 선천 상극지리뿐만 아니라 앞으로 다가올 후천 상생지리 역시 동서고금을 통틀어 그 어떤 시간대와 장소라고 할지라도 이러한 계급문화라는 것은 없어지지 않고 다만 차별이 아니라 차등을 두어 각자의 위치에서 역할과 도리를 다함으로써 서로 원망이 없고 질서가 잡혀지도록 노력해야 한다는 겁니다.

말은 거창하지만 역시나 선천 과도기 시대이니 각종 갑질과 을의 비애는 계속해서 시대를 우울하게 만들고 민중을 도탄에 빠트리고 있는 것은 부인할 수 없는 현실입니다.

중요한 것은 영원한 갑도 영원한 을도 없으며 갑은 갑다워야 하며 을은 을다워야 세상이 화평해진다는 것인데 구체적으로 이야기하면 돈을 주는 사람이 갑이 되고 돈을 받고 일하는 사람이 을이 되고 배움을 청하러 온 사람이 을이 되고 가르치는 사람이 갑이 되는 것인바 이것을 망각하고 제대로 일도 안 하고 제대로 배우지도 않고 지식을 훔쳐가려고만 한다면 그것은 또 다른 왕후장상을 꿈꾸는 것일 뿐 서로에게 아무런 도움이 되지 않는 것입니다.

고로 우리가 명학을 공부하는 이유는 자기 자신을 알고 어떤 역할과 어떤 사명을 가지고 이 세상에 왔는지를 알면 과한 욕심을 부리지 않고 자신의 위치에서 도리를 다하면 행복할 수 있다는 것이 제가 명학을 공부한 동기이고 이 좋은 학문을 여러분과 공유하고자 카페를 만든 취지이기도 합니다.

# 13.

## 내가 하면 로맨스
## 남이 하면 불륜 (2)

명리학은 사람의 운명에 대해서 논하는 학문이다 보니 별의별 의뢰인을 다 만나게 되어 있습니다. 그러다보면 하나같이 공통점이 자신이 듣고 싶어 하는 것만을 들으려 한다거나 자신의 사주를 합리화시키려고 하는 경향이 강하다는 것입니다. 누누이 이야기했지만 명리학은 '명의 이치를 다루고 운명이라는 것이 정해져 있다'라고 정의하는 정명론에 기반하고 있음에도 의뢰인들 중에는 이 학문의 개념이나 원리를 모르기 때문에 단순한 점술로 치부하여 쓸데없이 강박관념에 사로잡혀 있는 경우가 왕왕한 편이지요.

* 듣고 싶어 하는 것만 들으려 한다 – 부자가 될 수 있다. 오드리 헵번 같은 여자와 결혼한다. 등등 분수에 넘치는 희망?
* 사주를 합리화 한다 – 탄생시를 이것저것 바꾸어가면서 간명해달라고 한다. 등등

다시 한 번 말씀드리자면 여러분이 점술이라고 생각하고 상담 받는 사주학은 단순한 미신이 아니라 천체의 움직임을 인간에게 대입한 인문과

학, 자연과학의 일종입니다. 이것을 눈으로 보여 달라고 하며 증명하라고 하면 저도 할 말은 없습니다. 이는 스스로 연구를 하거나 공부를 해보면 아는 내용이니 이에 대해서는 논외로 합니다.

이런 사주학의 원리 중 하나는 사주학은 인과의 법칙을 수용한다는 것입니다. 이 말이 무슨 말이냐면 단순하게 미신이거나 어떤 특정 종교와 관련이 있어서 윤회를 들먹이는 것이 아니라 말 그대로 원인이 있으므로 결과가 있다는 것이 사주학의 개념이며 쉽게 이야기해서 콩 심은 데 콩 나고 팥 심은 데 팥 난다는 이야기가 바로 사주학이요, 인과의 법칙이기도 합니다.

그렇기 때문에 과거가 있으면 현재가 있고 또 미래도 예단하는 것이 가능한 일이며 지극히 인과에서는 당연하고 이치에 합당한 현상이라 할 수 있습니다.

그러니 명리를 굳이 몰라도 예를 들어 어떤 모임에 가서 항상 나이 어린 사람이나 후배들에게 욕 들어 먹는 사람은 자신이 과거에 젊은 시절 어른들에게 그렇게 했으니 그러합니다. 다른 경우는 자신은 어른들에게 젊은 날 잘했다고 하는 사람은 후배들에게 못했기 때문일 것이고, 이도 저도 아닌 위아래 할 것 없이 잘했다고 자부하는 사람은 교만하고 가식(제일 위험한 케이스. 왜 제일 위험한지는 스스로들 궁구해보시길 권합니다)으로 대했기 때문입니다.

이것은 과거 자신이 과오를 남긴 것에 대해서 나이만 먹고 그저 병들어

늙어 죽기 전에 하늘이 마지막으로 다시 한 번 인생에 대해서 성찰하라고 거울로써 보여주는 것입니다.

그럼에도 불구하고 이것이 마지막 기회이며 복인지도 모르고 나이가 어린 선생이 시건방지다며 부정하고, 아프지도 않은 사람이 아프다고 부정하고, 돈이 있음에도 돈 없다고 부정하고, 시간이 있음에도 시간이 없다고 부정을 합니다. 이렇게 이런 저런 온갖 부정을 일삼으니 끝까지 자신의 모순을 깨닫는 바가 없으므로 인과에 의해 또다시 네 기둥(사주팔자)이 꼬이게 되는 것입니다.

이런 글을 읽고도 잘 보았다는 댓글이나 추천 한방도 없으면 이 또한 인과로써 결과가 드러나겠지요. 세상 모든 것을 대충대충 단순하게 생각하지 말고 젊은 청년이 연로하신 어른들이나 하는 학문을 한다면 뭔가 나름 깊은 사연이 있어서일 건데 이러한 사유도 명리학을 공부할 의사가 있는 분들에게는 도움이 될 겁니다.

# Chapter 3

# 2015년도
# 3년차 논문

# 1.

## 각자의
## 위치와 도리, 역할

오랜만에 '신.명.길'에 글을 남기게 되었군요. 요즘 왜 이렇게 카페 운영이나 글을 안 쓰는지 궁금해 하는 분이 계실까 모르겠습니다. 결론적으로 이야기하면 제 개인적인 공부 및 해야 할 일들이 많기 때문에 현재는 운영하기가 힘들고 글을 쓰지 않는 것입니다.

겸사겸사 오늘은 주말이라 비도 오고 공부를 하던 중 영감이 떠올라 유익한 주제라는 생각이 들어 키보드를 두드리게 되었습니다.

흔히 제목처럼 각자의 위치에서 도리를 다하라는 것이 '삼강오륜'이라는 것입니다. 사전적인 의미는 검색해보면 다 나오는 것이니 생략하고 저 말의 뜻에 대해서 풀어보고 싶다는 생각이 들었습니다.

각자의 위치라는 것은 가정에서는 부모, 자식일 것이고 학교에서는 교사와 학생들이 있을 것이고, 직장에서는 상사와 부하 직원들이 있을 것입니다. 그 밖에 모든 경우도 대동소이할 뿐 어느 곳이든 위치라는 것이 있는데, 삼강오륜이란 부모가 부모답고 자식이 자식답고 교사가 교사답고 학생이 학생다울 때 비로소 질서가 잡히고 조화로운 세상이 온다는 것을 의미하는 것입니다.

알고 보면 아주 쉬운 내용입니다만 우리나라 사람들은 각자의 기질과 역량이 뛰어난 사람들이기 때문에 사주를 떠나서라도 기본적으로 한가락 뭔가를 하려는 사람들이 아주 많은 편입니다. 그렇기에 자신의 위치를 모르고 실패, 실수를 하는 경우가 빈번한데 저 역시 그쪽에 포함되는 사람이라는 것을 시인하는 바입니다.

그러니 지금 3년 동안 해오던 명학활동을 접고 다시 제 위치로 내려와 공부를 하는 것이지요. 제 이야기를 접어두고 본론으로 돌아와 크게 두 부류가 저처럼 위치를 모르고 고생하는 사람들인데, 베이비부머 세대와 소싯적에 한가락하고 잘나갔다는 사람들입니다.

베이비부머 세대는 전쟁 이후 태어난 수많은 아이들을 의미합니다. 이 세대는 전후 우리나라의 문명을 건설한 사람들이니 그러한 마음이 공통적인 것이고, 세대를 막론하고 예전 또는 어릴 적에 유복했다는 사람들도 두말 하면 잔소리일 겁니다.

문제는 그렇게 잘 나가다가 바닥으로 떨어졌다면 과거를 아무리 붙잡고 늘어져보았자 지금의 자기는 옛날의 그 위치가 아니라 현재 바닥에 있는 사람들과 함께 공부를 함으로 같은 위치에 서 있다는 것입니다.

그럼에도 불구하고 내가 왕년에 누구였는데 니들이 뭘 아냐면서 심지어는 공부를 가르치는 선생에게도 배우려는 것이 아닌 나이와 과거의 위치를 내세우며 거꾸로 가르치려드는 경우도 있습니다.

그러나 현실은 현실! 제아무리 과거를 들먹여도 아무도 인정하지 않고 오히려 자기 자신만 초라해지는 것이 자연의 섭리입니다. 고로 항상 배울수록 지극히 겸손해야 한다는 것이 저의 지론입니다만 저 역시 뒤돌아 생각해보니 뜻은 좋으나 젊은 혈기에 아직 연륜이 부족한 관계로 정확하게 다시 제로(0), 처음부터 공부하고 있는 실정입니다.

저는 개인적으로 일반적인 지식과 술수를 가르쳐주는 교사나 선생들은 있었으나 인격적으로 저를 귀하게 만들어 줄 귀인에 해당하는 스승이 없었고 너무 젊었던 관계로 어떻게 보면 당연한 실패였다고 합리화 할 수 있습니다만 그래도 결과적으로는 실패라는 것을 인정하고 다시 제 위치에서 제가 할 도리와 역할을 수행하려고 합니다.

나이가 많아서 늦었고 이제 시작하기에는 늦었다고, 나는 이것밖에 안된다고 생각하고 포기하는 것이 아닌, 늦었다고 생각할 때가 제일 빠르다는 격언은 이럴 때 적용되는 것이니 인연이 있고 뜻이 있는 분들에게 이 메시지가 삶의 작은 자양분이 되었으면 합니다.

# 2.

## 점을 잘 보는 것이
## 실력이 아니다

실력이란 각자 생각하는 바가 다르지만 분야를 막론하고 해당 분야에서 막힘없이 장애를 처리할 수 있는 능력이라고 정의하면 얼추 틀리지 않을 것입니다.

갑자기 오늘의 주제로 실력이라는 단어를 서두에서 꺼낸 이유는 대중은 사주명리든 뭐든 간에 역술과 관련된 것들을 보러 갈 때 주로 실력이 있는 무속인이나 역술인이라고 생각하는 기준, 즉 실력이란 과거를 잘 맞추거나 현재 또는 미래를 잘 맞추고 예단하는 것을 실력이라 생각하는 것이 대부분이라 해도 과언이 아닙니다.

저 또한 처음 명리를 접할 때 그러했으니 탓 하는 게 아닙니다만 이제는 후천 정역의 바른 시대로 진입했으니 우리가 과거의 잘못을 계속해서 그것이 맞다고 우겨대는 것은 모두가 시대에 오히려 역행하는 것으로 이러한 것은 반드시 앞으로는 바르게 고쳐 잡아 나가야 할 것입니다.

아무튼 제 유튜브 동영상 강의나 이 카페에도 공개추명이라고 해서 올려놓았는데 대부분의 사람들은 젊은 청년이 용하게 사주 잘 본다거나 잘 맞춘다는 식으로 점쟁이로 보는 경향이 있습니다. 이것은 제 바른 실력이 아니며 그저 명리를 학문이 아닌 미신이라 여기는 풍토가 못마땅해 증명을 하고자 올려놓은 것이지 제 실력을 자랑하거나 이걸 보고 혹해서 여러분도 저처럼 이렇게 남의 사주를 봐주고 돈을 받고 호구지책으로 삼으라고 그러한 공개추명 동영상을 올린 것이 아님을 알아주었으면 좋겠습니다.

　제가 명리학을 전공하는 이유가 돈 벌려고 하는 것이 아님은 저를 조금이라도 아는 분들이라면 알고 있으리라 여깁니다만 아무리 잠수 중이라 해도 아닌 것은 아니고 이미 공부가 되어 있는 부분은 알려주어야 훗날 원망이 없기 때문에 이야기하는 것이니 긍정적으로 받아들였으면 합니다.


　본론을 이야기하자면 사주명리학에서 실력이라는 것은 단순하게 과거, 현재, 미래를 족집게처럼 맞추는 것이 아니라 명리에 대한 바른 개념과 인식을 심어주고 자신의 명을 바르게 알아 바르게 사는 법을 가르쳐주는 것이 이 학문의 순기능인 것이지 맞추는 것은 부가적인 술수의 영역이라 할 수 있습니다.

　여기서 술수라고 하면 또 한글세대라 무슨 뜻인지 모른다고 갸우뚱하겠지만 한마디로 기술, 예술과 같이 명리의 스킬(skill)이 바로 복기, 예단하는 것을 말합니다.


　즉 스킬은 바르게 공부를 하다보면 자연스럽게 알게 되는 것이고 상대방의 말투와 행동거지에 30분 정도만 집중해서 대화를 해보거나 세 번 정도 만나다 보면 과거, 현재, 미래를 알 수 있는 것입니다.

　이렇게 이야기하면 그럼 비현 선생은 그 정도 실력이 되냐고 따지는 분들이 있을지 모르겠는데 그 정도 실력이 안 되니 현재 잠수모드로 제 공부를 하는 것이지만 그러나 저는 동양학을 십수 년을 넘게 공부해오면서 수많은 시행착오를 겪은 경험이 있어서 적어도 공부의 맥(순서)은 알고 있다는 것입니다.

오랜만에 글을 써서 횡설수설하는데 여러 번 강조하자면 저에게 접근하면서 단순하게 족집게 선무당, 반풍수처럼 잘 맞추고 스킬을 배우고자 하면 피곤할 겁니다. 무슨 말이냐면 스킬만 배워서 여자나 남자를 꾀어 방탕하게 살거나 탐재 및 명예를 탐하고자 한다면 제가 선생은커녕 사신死神이 되어 궁극에는 나쁜 놈이니, 뭐니 하면서 땅을 치며 후회하는 날이 올지 모른다는 이야기입니다.

모든 것은 자기 자신이 이 공부를 할 사람인지를 냉철하게 생각해보고 아니라고 생각이 들면 본인에게 당장 필요한 공부가 될 수 있는 곳을 찾아가서 무언가를 해야지 재삼 말씀드리지만 쓸데없이 시간 낭비, 돈 낭비, 힘 낭비 등등을 하지 말았으면 좋겠습니다.

부디 경우와 이치를 바르게 알아 현명한 인생의 길을 가시길 기원하며 이만 글을 줄입니다.

# 3.

## 행복

블로그에 글을 남기는 게 얼마만인지. 정말 오랜만에 글을 써봅니다. 예전에 개인 사정상 바빠서 블로그 활동을 못할 것 같다고 한 것 같은데 지금도 넉넉하지는 않지만 역시 글쟁이가 글을 안 쓰니 뭔가 더 답답하다는 생각이 들어 언제까지 또 쓸지는 모르겠지만 마음속에 떠오르는 뭔가 하고 싶은 이야기가 있어서 다시 키보드를 두드리게 되었습니다.

방금 뉴스에서 세계인들의 행복지수에 대한 통계가 나왔는데 한국은 59점인가 59%로, 아무튼 60도 안 되는 수치가 나왔다고 합니다. 1,2위는 과테말라였던가, 뉴스 화면을 안 보고 소리로만 들어서 기억이 잘 안 나는데 경제적으로 우리보다 성장하지 않은 나라들이 행복지수가 높다고 합니다. 행복지수가 높다고 하니 갑자기 부러워지는군요. 아무튼 이런 행복이라는 단어의 정의에 대해서는 여러 가지가 있겠지만 행복이라는 뜻은 쉽게 애기해서 즐겁고 기쁘다는 뜻이라고 정의하면 크게 틀리지 않은 해석일 겁니다.

행복에 대해서 이야기하다보니 어릴 적의 에피소드가 생각납니다. 저는 어릴 적 인간은 왜 태어났고 왜 살아야 하는지에 대한 의문을 가지고 있다가 중2때 생사를 오가는 고통 속에서 문득 노을을 보고 '행복하게 살고 싶다'라는 나름의 오도송을 중얼거린 기억이 있습니다.

그 후로 몇 번이나 피비린내 나는 폭력서클 아이들과의 전쟁과 주입식 입시교육과 고등지식으로 기득권을 쥐려는 교육환경 속에서도 항상 하늘을 보며 되뇌었습니다. 행복하게 살고 싶다고. 당신처럼 환하게 항상 빛나는 미소와 인자한 구름을 닮고 싶다고.

어린 나이에도 항상 하늘을 보며 대화하는 것을 보면 과연 하늘은 고래로부터 근본이라고 한 것이 문득 보편적인 진리가 아닌가 하는 생각이 들었습니다.

그렇습니다. 알고 보면 집착할 필요가 없는 것인데 우린 무슨 부귀영화를 누리고자 이 짧은 인간의 삶속에서 서로 사랑하고, 존중하고, 존경하고, 배려하는 것보다 미워하고, 시기하고, 질투하고, 상처 주며 살아가는 것일까요?

그래도 이제는 역학을 어느 정도 공부했으니 말할 수 있습니다. 모든 것은 성숙해지기 위해서 그리고 그것이 곧 행복으로 가는 과정이었음을.

# 4.

## 기복신앙

기복신앙이란 사전적 의미로 복을 기원함을 목적으로 믿는 신앙을 일 컫는 용어입니다. 신앙의 본래 목적은 구제창생의 대의명분에서 비롯된 것인데 지금은 본래의 의미가 퇴색된 지가 오래되었다고 해도 과언이 아 닐 겁니다.

글쓴이가 명리학을 연구하고 공부하는 입장에서 보면 예전의 상담자들 도 상당수 명리가 학문이 아닌 종교와 매우 밀접한 관계가 있고 그저 단 순하게 점을 쳐서 길흉화복을 알아보는 미신 정도에 지나지 않다는 알 수 없는 확고한 믿음과 선입견을 가지는 경우가 많았습니다.

이렇게 이야기하면 그럼 언제는 사주, 관상, 풍수 이런 것들이 과학이고 학문이라 인정받은 시대가 있었을까 의문을 가지는 사람들이 매우 많을 것입니다. 하지만 멀리 찾지 않아도 조선왕조실록과 같은 옛 문헌을 보아 도 왕실에서 자손들의 짝을 구하기 위해 사주단자를 여러 군데 언급하고 그에 맞는 벼슬도 있었으니 궁금한 분들은 찾아보길 권하며, 굳이 과학 이라는 용어를 빌어 이야기하자면 인문과학, 자연과학, 천문학(?) 정도로 학문의 반열에 오를 수 있다는 것이 개인적인 지론입니다.

아무튼 예전에 상담객들 중 평생 무신론자에 종교가 없음에 갑자기 가세가 기울기 시작하니 종교를 찾아 불상이니 뭐니 해서 열심히 기도하며, 다시 잘 먹고 잘 살 수 있게 부귀영화가 끊이지 않길 바라는 사람들이 많았습니다. 다른 유형으로는 자신이 대단히 좋은 운을 가진 소수가 아닐까? 하는 막연한 기대감을 가지고 있는 사람들도 있었습니다.

그런데 종교를 조금이라도 그 역사를 알고 공부한 사람이라면 알겠지만 석가모니 부처님이, 예수님이, 공자께서 등등 모든 종교의 종장이 그 누구도 개인의 복을 주기 위해 자신에게 기도하고 성금을 하라고 한 적이 없습니다.

개인의 소원을 이루어주려고 부처가 왕자의 자리를 버리고 고행을 하여 득도를 한 것도 아니요. 예수님이 울부짖으며 메마른 사막 한복판에서 하늘에 도를 구한 것도 아니요. 공자께서 진채지액의 봉변을 당하고, 사랑하는 제자들의 비명횡사를 당하며, 천명을 알고 주역의 십익을 해설한 것이 아닐 것입니다.

아마도 3대 성인과 모든 현인들이 어딘가에서 작금의 사태를 보고 있으면 혀를 차며 한숨을 쉬고 있을 것이 분명한바 무엇을 믿든 빌든 개인의 자유지만 정확히 무엇을 위해 하는 행위인지는 알고 행하는 것이 종장들에 대한 예의가 아닐까 합니다. 고로 이런 기본적인 화두도 못 깨우치고 공부도 하지 않을 사람이라면 명命을 봐서 무엇을 할 것이고, 다른 사람을 가르쳐 보았자 무슨 의미가 있겠는지요?

그저 다 욕심이고 부질없는 짓일 겁니다.

# 5.

## 작심삼일

작심삼일! 말 그대로 마음먹은 지 얼마 안 되어서 나태해지거나 의욕을 상실해서 그만둔다는 말입니다.

특히나 명리학과 같이 큰 공부나 일을 하는 사람일수록 이 말을 항상 유념하며 살아야 하는데 삼일은커녕 요즘에는 놀 거리가 많다는 것과 직장에서의 스트레스 해소 또는 봄이라고 해서 봄바람이 나서 다들 산이고 들이고 주말만 되면 어디론가 놀러 다닌다고 바쁩니다.

젊은 남녀들도 외롭다고 해서 온갖 소셜커머스를 뒤지고 미팅이나 하고 유흥에 젖어 살려고 하고, 공부는 학교 시험이나 승진 시험, 라이센스 딸 때만 하겠다는 생각을 가진 사람은 남을 가르치거나 다른 이의 사주를 간명하고 상담해주는 일, 즉 카운슬러나 교육자가 되기가 힘들다고 볼 수 있습니다.

당연히 후천 황극시대의 지상선地上仙이라 할 수 있는 홍익인간과도 무관한 것인데, 문제가 되는 것은 조금이라도 의식이 있어 사명이 있는 사람들조차 하늘이 내린 시험지 자체를 거부하는 경우가 허다하니 안타깝습니다.

주말이란 편안하게 쉬면서 재충전을 하는 기간이지 이리저리 놀러 다니라고 하느님(하나님)이 만들어 놓은 시간이 아닙니다. 원래 저는 보이지 않는 세계에 대한 이야기를 하는 것을 별로 내켜하지 않습니다만 나중에 공부를 오래하면 할수록 스스로들 알게 되겠지만 과학 이외에 뭔가 제3의 알 수 없는 존재가 우리 인생에 근본적으로 개입해 있다는 사실을 인정하지 않을 수가 없게 됩니다.

아무튼 인간으로 한 번 태어나기 위해서는 천지의 공력은 물론 선영신의 지극한 공덕이 있어야 가능한 것인데 이렇게 어렵게 태어난 인생을 그저 놀고먹는 데 시간을 다 써버리면 훗날 천지신명과 선영신을 만나는 날 뭐라고 변명을 하겠는지요?

물론 이렇게 이야기해보았자 정말 뜻이 있고 공부가 재미있고 좋아서 주말에 커피나 차 한 잔 하면서 차분한 마음으로 공부를 할 수 있는 사람 중에도 사명감이 있는 사람이어야만 가능하지 아무나 하기 힘든 것은 부인하기 힘든 사실이기도 합니다.

그러나 과거와 달리 이제는 모든 만물이 성숙하고 과도기를 넘어가는 상황, 즉 역학으로 이야기하자면 미토未土 장하의 기간으로 만물을 성숙케 하는 동시에 여기에서 제대로 익지 못하고 튕겨 나가버리는 곡식들은 열매를 맺지 못하고 쭉정이가 됩니다.

다소 어렵게 느껴질 수 있겠지만 그만큼 천지 대자연 안에서도 만물의 영장이라 할 수 있는 존재가 바로 인간입니다. 고로 동식물과 달리 의식을 가진 인격체로서 사명이 막중하다는 것입니다.

천지자연은 말이 없습니다. 언제나 그 자리에서 말없이 묵묵하게 만물을 지배 자양할 뿐입니다. 그러니 자연이 항상 옆에 있음을 소중히 생각하고 나를 지켜봐주고 보호할 때 준비하고 공부하여 뜻하는 바를 이루어야지 대자연도 자신이 할일을 끝내고 나면 공명정대하게 공과 사를 분명히 해 가을 추수를 할 수밖에 없습니다. 조금이라도 뜻이 있고 보람된 인생을 살고자 하는 사람이라면 깊게 생각해보아야 할 것입니다.

# 6.

## 명리를 활용한
## 남 탓 안 하는 방법

많은 분들이 부메랑 이론 등을 통해 남 탓을 하면 안 되는 이유에 대해서 알았을 것인데, 말이 쉽지 습관이 된 것도 있고 구체적으로 어떻게 해야 할지 잘 모를 겁니다.

그렇기 때문에 명리학이라는 도구를 알면 원국과 패턴을 알 수가 있고 자신의 과부족한 점이 무엇인지를 알기에 남 탓 하는 것을 줄일 수가 있습니다. 이 장에서는 명리를 통해 구체적으로 어떻게 해야 인격수양이 가능한지를 알아보도록 하겠습니다.

예를 들어 자신의 일간이 무토戊土가 되고 지지에 오화午火가 있는 경우 갑오甲午일이라는 일진을 만나게 되면 오오자형午午自刑이라는 형살이 동하는데 형살이라는 것은 비정상적이고 뭔가 번거로운 일들이 생기게 된다는 의미입니다.

이런 일진은 집을 나서기 전부터 뭔가 번거로운 일들이 있을 것을 예상하고 급하게 서두르지 않고 약속 시간이나 사람이 북적이는 곳을 체크하여 염두에 두어야 합니다. 피하라는 이야기가 아니라 일진의 패턴상 번거로운 일들이 발생할 수밖에 없는 환경이 다가올 것이기 때문에 마음의 준비를 하라는 이야기입니다.

그렇게 예상을 하고 나서게 되면 보통 간발의 차이로 지하철이 지나가거나 아니면 다음 정차역을 확인하기 위해 전광판을 본 것인데 어떤 이는 자신을 쳐다본 줄 알고 째려보기도 합니다. 이런 경우는 무조건 다른 칸으로 이동하는 것이 좋지 굳이 기분 나쁘다고 똑같이 째려보거나 언쟁을 벌이면 일진 예단을 한 보람도 없이 하나도 좋을 것이 없게 되어 버립니다.

또한 장소에 도착해서도 간발의 차이로 누군가 혼자서 얼른 엘리베이터를 닫아버리고 올라가는 경우도 있습니다. 그야말로 일진 자체가 형살의 쓰나미라고 해도 과언이 아닐 정도로 이쯤 되면 욱하고 남 탓을 하기 마련입니다만 차분하게 생각해보면 오늘의 일진 패턴이 어차피 오오자형이고 번거로운 일이 발생하고 또 자세히 알고 보면 그들이 째려본 것도 아니요, 상대방 역시 내가 달려오는 것을 모르고 자신도 일단은 급하니 엘리베이터를 닫은 건데 이것은 말 그대로 자형살은 스스로의 잘못도 있다, 라는 의미를 가지고 있으니 무조건 상대방이 잘못한 것이 아닌 내 쪽의 잘못도 있다는 겁니다.

어떤가요? 이것이 바로 자신의 명운을 알고 바르게 처신함으로써 더 이상 상극과 모순을 일으키지 않고 그 누구도 탓할 필요도 없고 자신도 상처받지 않고 바르게 처신할 수 있는 인격수양의 한 방법이 되는 것입니다.

고로 이 책을 안 보신 분들은 제가 뭐라고 간섭할 일은 아니지만 적어도 이 책을 보고 저의 메시지를 이해를 하신 분들은 더 이상 남 탓 할 필요

없이 바르게 공부를 하여 자신을 알고 남을 알면 한 단계 업그레이드 된
재미있는 인생을 살 수 있을 겁니다.

돈이 드는 것도 아니고 밑져야 본전이니 저의 메시지를 한번 실행해 볼
것을 권유하는 바입니다.

# 7.

# 후천시대 궁합법

안녕하세요
저 사주에 관한질문이 좀있어서 연락드립니다.
염치없지만 혹시 답을주실수있으면 즉지로답부탁드립니다.
저는 남자친구가있고, 결혼얘기를 계속해오며만나고있었습니다.
엄마가 궁합을보러가야한다하셧 서같이가니
둘사이합이나 가족사이는다를뿐인데,
남자친구에게 정재편재 여자가둘이라고하면서 저는 하나밖에없는사주이니 외로워질거라며
결혼홀다시생각해보라고하더라고요.
제남친이 저를만나기전 동거했던여자가인데, 혹시 그여자가 정재이고 제가편재인지...어떻게되는지 궁금합니다 감사합니다

댓글 1

dbdc637    현재 사주상담은 하고 있지 않습니다. 아마 제 블로그의 글을 제대로 읽어보지 않은 분같은데 사주가 중요
한게 아니라 서로의 이념이 맞는지를 따져보시고 예를들어 서로가 뜻을 맞추어 사회에 이로운 일을 하는
커플이 되겠다. 그러면 그냥 만나고 아니라면 마음대로 하십시오.
이건 님 탓을 하는게 아니라 아무나 함부로 만나지 말고 바른 인연을 만나야 실패하지 않고 잘 살수 있다는
것을 이야기하는 것이니 오해없기를 바랍니다.

참고로 제대로 공부하고 싶다면 사주 볼 생각말고 제 카페에 가입해서 명리학자의 길 1편부터 보면서 공부
하면 되겠습니다. 2016.02.01. 00:31

　얼마 전에 어떤 분이 제 블로그에 남겨주신 질문입니다. 아마 카페에 가입을 안 했을 것 같은데 본인의 아이디는 지우고 내용만 실었고, 질문이 아주 모호한데 결론은 제가 답한 그대로 굳이 사주를 안 봐도 서로의 이념이 맞으면 인연이고 이념이 없거나 안 맞으면 헤어진다고 보면 되겠습니다.

물론 디테일하게 궁합을 보자면 두 사람의 사주를 놓고 대비해서 간명하고 상담해야겠지만 이제는 선천의 술수적인 방편이 아닌 근본적인 해결책인 후천의 바른 법으로 사람을 대해야 하기 때문에 굳이 사주를 들먹이지 않아도 인연인지 아닌지 알고 싶다면 이념이 있는가, 그리고 그 이념이 본인과 맞는지를 보면 되겠습니다.

여기서 오랜만에 선천, 후천이란 용어를 들먹였는데 소강절 선생의 『황극경세서』에 나오는 역학 용어로 선천 상극지리 5만 년, 후천 상생지리 5만 년이라 하고 실제 작용은 2012년 동지기준으로 선천시간대가 끝나고 2013년 계사년부터 후천 1년이 되는 셈인데요, 이걸 어떻게 알았냐면 개인적으로 존경하는 영적인 능력을 가진 도인 할아버님을 통해 그전부터 알고 있었습니다.

그래서 하고 싶은 말은 제가 2012년 1월에 팔자술 정석 초중급 학습서를 탈고하고 그때부터 각 포털사이트의 카페와 블로그를 통해 활동하고 '신세대 명리학자의 길' 시리즈를 2013년 2월 17일부터 썼습니다. 이제 꽉 3년을 채웠고 이 시리즈까지가 명리학 ZERO의 '선천 술수학'이라고 생각하면 정리가 될 듯합니다.

제가 3년이라는 나름 긴 세월동안 연재 글을 100개 이상 적은 것은 이번이 태어나서 처음 있는 일인데 말로 다 표현하기 힘들 정도로 온갖 일들이 있었고 추억이 파노라마처럼 스쳐 지나가는군요.

긴 세월 쭉 읽어주셔서 감사하고요. 끝이 아닌 새로운 후천 진법명리를 꽃피우기 위한 거름이라 생각하면 될 듯합니다.

그동안 읽어주시고 성원해주어서 진심으로 고맙습니다.


悲玄 終

# Epilogue

정독을 하신 분이라면 알겠지만 방대한 일지를 선별해 재구성한 내용이라 1년차에서 생각했던 내용이 2, 3년차로 갈수록 사고나 가치관 등이 상당 부분 변화된 것을 알 수가 있을 겁니다. 그리고 갈수록 글을 쓴 횟수가 줄었던 것은 일체의 활동을 하지 않고 사회공부의 일환으로 한 번도 도전해보지 않은 분야인 IT 소프트웨어 개발자로서 직장생활을 하던 시기였기 때문이었습니다.

명학상담을 접고 잠수를 탔던 이유는 본편에서도 밝혔듯이 스스로 기본적인 것도 갖추어지지 않은 상태에서 남을 가르치고 상담해주면서 상처를 많이 받은 것과 저 역시 알게 모르게 바르게 상대를 카운슬링해주지 못한 것에 대한 부끄러움 때문이었습니다.

또한 처음 생각과는 달리 꿈과 희망을 주기는커녕 어느새 먹고 살기 위해, 돈을 벌기 위해 이 학문으로 업을 삼은 것에 대한 회의감으로 방황하기도 했습니다.

이런 사정으로 인해 한때 인연되었던 모든 이들이 왜 이렇게도 나를 힘들게 할까? 하며 원망 아닌 원망도 해보고 심지어 태어나 처음으로 단 한 번도 원망해 본 적 없던 경외하는 하늘마저도 원망하며 모든 것을 포기하고 대충 인생을 살아야 하나? 라고 자괴감에 빠져 있을 때 그래도 하늘이 저를 버리지는 않았는지 평생 찾아 헤맨 스승을 만나게 되었습니다.

이후 스승의 천지대법天地大法과 진리를 공부하면서 이 모든 환경은 내가 만든 것으로써 결국은 남 탓과 세상을 탓한 것은 저의 부족함 때문이라는 것을 알게 되었습니다. 결국 인연되었던 모든 이들을 통해 이 세상과 저의 모순이 무엇인지를 깨닫게 되었고 반성하게 되는 계기가 되었으며 오히려 지금은 큰 가르침을 주신 그분들을 고맙게 생각하고 있습니다.

이렇게 저에게 있어서는 가뭄의 단비와 같은 존재의 하늘과 같은 스승이지만 스승께서는 스스로 '비메이커'라 칭하시고 이미 유튜브를 통해 수많은 법문을 하셨으나 아직도 이 세상을 위해 아무것도 한 일이 없다고 말씀하십니다.

생뚱맞게 물건도 아닌 사람을 보고 비메이커라고 하니 무슨 말인가? 하고 의아해 하실 분들이 있을 겁니다. 우리가 일반적으로 유명하지 않은 제품을 비메이커라 하고 유명한 제품을 메이커 제품이라고 하듯이 그러한 연유로 스승만의 개성 있는 소개라 이해하면 될 것입니다.

저 역시 스무 살 시절부터 동양학 공부를 하며 나이 서른 후반이 되어서 이제야 출사표를 던지는 입장이라 우리 스승처럼 비메이커에 속하는 사람으로 나름 긴 세월동안 참으로 외롭고 수많은 시련을 겪으며 아주 가끔은 꿈을 포기하고 희망마저 놓으려 했던 몇 번의 위기도 있었습니다.

그러나 이제는 사도邪道가 아닌 여러분과 함께 바른 법을 공유할 수 있는 기본적인 환경과 여유도 마련되었습니다. 저는 이제 3년 구도수행의 마이너에서 벗어나 이 책의 출간을 기점으로 본격적으로 메이저 데뷔를 하려 합니다.

**저의 이념은 선천의 모순된 세계를 후천의 바른 세계로 바꾸고 신 패러다임의 문화혁명을 일으키는 것입니다.**

제가 제시한 이념은 연원을 따라가 보면 사실 저만의 이념이 아니라 우리 한민족의 홍익이념과도 부합하는 이념이고, 이 이념을 함께할 수 있는 소울메이트들과 함께 멋진 청년이 되어 작게는 우리 조국 대한민국을, 크게는 널리 인류를 이롭게 하고 싶습니다. 이런 저의 뜻과 이념이 마음에 든다면 분명 당신은 나의 소울메이트요, 피 한 방울 섞이지 않았어도 또 다른 나의 형제와 가족임에 틀림이 없습니다.

이제 외롭고 암울했던 시간에서 벗어나 함께 밝고 아름다운 세계를 만들어 가봅시다.


저의 이념이 마음에 들고 함께 천하사를 도모하고 싶은 분들은 스승의 정법강의를 7일 동안 하루 세 강의 이상을 듣고 저에게 연락을 주시면 앞으로의 계획에 대해 상세히 안내해드리도록 하겠습니다.

반드시 제가 걸어둔 조건(7일 강의듣기)을 이행 후 연락 주셔야지 무턱대고 어떤 사람인지 궁금해서라든지 다른 용무로 연락 주시면 아예 답장이 없을 수 있으니 유의하셨으면 합니다. 쓰고 보니 연락처가 나와 있지 않은데 진실로 저와 뜻이 맞고 제가 제시한 공부 방법을 행한 분이라면 어떻게 해서든 인연이 닿게 될 것이니 따로 연락처는 남기지 않도록 하겠습니다.

끝으로 서문에서 밝혔듯이 원래 2권인 명리학 자기계발서가 먼저 출간

되지 못하고 본의 아니게 1권부터 출간하게 되었습니다. 매우 방대해진 관계로 우선 이 책을 출간한 뒤 곧이어 2부에 해당하는 '명리학 3년 상담 수행기 논문 Part 2'가 출간될 예정입니다.

다음 저술에서 다시 뵙도록 하며 졸필을 끝까지 읽어주어서 고맙습니다.

2017년 1월 19일 丙午日
Beehyun